キレる!

中野信子
Nakano Nobuko

小学館新書

キレる！

目次

はじめに

あなたは、このような悩みを持っていませんか？

「思春期の子どもが反抗的・攻撃的になり、毎日腫れ物に触るようだ」
「理不尽なことで上司にキレられたのに、反論できなかった」
「クライアントに無理難題を押し付けられ、結局相手の言いなりになってしまった」

もしくは、

「娘と口論になると、ひどいキレ方をしてしまう」
「不安になると攻撃的になってキレてしまう」
「昔は温厚だった両親が、年を重ねるにつれ怒りっぽくなった」

キレている人に振り回されるのも大変ですが、自分の辛い気持ちを相手に言うことができずにいるのも、ストレスがたまります。

「なぜ怒りの感情が生まれるのだろう……」。「相手がもっと自分の気持ちを汲んでくれたらいいのに……」。そう願っても、人間なら誰でも怒りの感情が湧き起こり、そして、相手があなたの気持ちを汲んで言動を改めてくれることはないでしょう。

どうすれば、相手の怒りや感情的な言動に振り回されることなく、上手に自分の怒りの気持ちを発散させるような切り返し方ができるのでしょうか。

これらにはテクニックと経験が必要です。

しかし、テクニックと経験が必要だとすら思っていない人が多いのではないでしょうか。何も言わず我慢して、丸く収めるのが最善の策だと考えている人が多すぎると思うのです。

世の中には、我慢するという人の善意を利用して、相手を支配しようとする人がいます。そういう人は、相手が我慢すればするほど、その人からいろいろなものを搾取しようとするのです。

やり方は人それぞれだとしても、相手の見勝手な怒りや不条理な言動には、上手にキレて、抵抗する必要があるのです。

実は私もキレて抵抗することが苦手です。

ですから、この本を通して、どうキレて、どのように抵抗すると、相手と良好な関係を保ちながら、自分を大事にすることができるのか、考察していきたいと思っています。

第一章では、なぜキレる必要があるのか、そして、〝損するキレ方〟と〝得するよいキレ方〟について解説します。

第二章では、キレる人の脳に起きる現象を取り上げ、何が怒りを誘発させ、助長するのか、分析します。

第三章では、キレやすい人に対する対処法を、第四章では、キレやすい自分との付き合い方を、それぞれケース別に提案します。

最後に第五章では、〝戦略的にキレる〟とはどのようなことなのか、上手な切り返し方とそのポイントを、国内外で活躍している言葉の達人を例に挙げながら考察します。

この本で紹介する切り返しの例は、ほんの一例です。対人コミュニケーションにおいて自分を守る「盾」となり、「強み」にもなるような、「キレるスキル」に光を当てたこの本が、今後も私とともにその技術を学び続けるきっかけになれば幸いです。

第一章

損するキレ方、得するキレ方

「怒り」はヒトが感じる自然な感情

イライラする気持ちが抑えきれずに衝動的な行動をとってしまって、周囲の人とトラブルを起こす人がいる一方で、自分の怒りの気持ちを表せないために、仕事や人間関係で悩んでしまう人もいます。

キレて人や物に八つ当たりをしては激しく後悔し、あるいは、理不尽なことを言われたときにちゃんと自分の主張を言葉で言い返すことができず、ストレスを抱えた経験は、誰にでもあるのではないでしょうか。

なぜキレると後悔するのでしょう。もし相手にキレられても、自分がキレ返すことに抵抗を感じるのはなぜでしょうか。根底にある思いは、〝キレる〟ことは、〝怒り〟という、とても〝ネガティブな感情〟によって引き起こされる問題行動だと捉えているからです。

しかし、「怒り」や「イライラ」は、ヒトであれば、誰でも感じる自然な感情です。自分を守るためにすでに脳に組み込まれたメカニズムでもあります。そう理解していても、やはり自分のイライラした気持ちと向き合ったり、誰かの激しい怒りや攻撃的な言葉を受けたりすることは、本当に辛いことです。

たとえ怒りを抱いたとしてもできるだけキレずに過ごしたいし、キレている他人の言動に巻き込まれたくないと思うものです。

もしも、絶対にキレずに、あるいは他人からキレられずに過ごしたいと考えるならば、外に出ず、部屋にこもるという方法が考えられます。誰にも会わず、インターネットもテレビも見ず、外部との接触を一切避けて過ごすのです。

しかしながら、大抵の人はそういうわけにもいきません。そもそも一人でいても、怒りの感情は、ヒトにとって自然で必要なものですから、いつでも湧き起こるものですし、自分自身にキレてしまうこともあります。

つまり、怒りの感情と付き合うことは、生きていく上で避けることはできないと考え、その感情への対処方法を身に付けることが必要です。

人と接していれば、必ず意見が合わないことはあります。意見が合わないときに、相手に合わせて、自分が我慢すれば丸く収まると思う人もいるでしょう。

相手に悪意がない場合は、それで丸く収まることもあるかもしれません。でも、悪意がある場合は、相手のいいように利用されてしまうことにもなります。


人は、相手が自分より〝上〟か〝下〟かで、お互いの人間関係を決定することが多々あります。地位、年齢、財産、体格、美醜……。もし、相手がこちらを〝下〟と見なしたとしたら、悪意がないまでも、相手に軽んぜられ、見下され、さらには都合のいいように利用されることもあります。

そんなときに、怒りを感じたにもかかわらず、その感情を自分の中で抑え込んでは、相手からだけでなく、自分で自分を追い詰めることになります。

「あなたの言っていることはおかしい」「私はあなたの言いなりにはなりません」「私は怒っています」ということを表現し、ときには、抵抗する必要もあるのです。

しかし、世の中には、当然キレて抵抗してよい状況においても、キレることのできない人が多いように感じます。何しろ私自身、喧嘩をするのもキレるのも上手ではありません。いいタイミングで上手にキレて、自分の主張を通す人を見るとうらやましいと思うこともあります。

成功している人は、賢く〝キレる〟

テレビ番組を見ていると、いま売れっ子と言われているタレントさんの中には、〝怒って〟〝キレて〟みんなを盛り上げていることが意外に多いことに気がつきます。

例えばマツコ・デラックスさんや有吉弘行さん、坂上忍さんなど、冠番組を持っている方はみなさん、温厚なキャラクターというよりは、辛口で鋭くツッコミを入れ、ときには怒りをあらわにして大声を出すなど、いわゆる〝キレ〟キャラです。

昔からテレビの世界では、キレることで人気を集める芸人さんや、テレビ討論会などで、ここぞというときに怒ってみせる作家や評論家、コメンテーターの方はたくさんいらっしゃいました。

もちろん、ただ単にキレているのではありません。状況を素早く判断し、絶妙なタイミングで、上手に言葉を選び、賢くキレています。だからキツイ言葉を発しているように見えても、決して相手を傷つけたり、打ちのめしたりするようなことがないのです。

感情の赴くままにキレているように見せながらキレることで、その場の緊張感を高め、場を盛り上げているのです。そして、みんなが言いたくても言えないことをズバッと言ってくれるため、共感を集めます。さらにキレることにより、〝怒るほど本当なんだ〟という勢いで周囲を巻き込み、同調を得ることもできます。キレることで周りを萎縮させるどころか、一つにして調和し和ませることになります。

キレて言うセリフもポイントを外さないので、相手には嫌われません。むしろ「よく言ってくれた」と言われるような、好感を持たれる切り返し方なのです。

私も番組で有吉さんから突っ込まれると、怒るどころか、「私のことをちゃんと見てくれているんだ」と思ってついうれしくなりますし、同時に「どうすれば、そのような切り返し方ができるのだろう」と感心してしまいます。

〝予定調和〟になりがちなテレビ番組で〝キレる〟ことは、なくてはならないものです。

芸能界だけではありません。

前述した〝テレビ文化人〟にとどまらず、政治やビジネスの世界でも、自分のポジションを築き、成功している人は、怒らない人、キレない人ではなく、怒るべきときにきちんとキレることができる人です。

怒るべきときに怒らず、つまりキレないで、その怒りをため込むのではなく、上手にキレることで、多くの人の心をつかみ、自分の立場を手に入れています。キレることは、激しい感情の発露ですから、それだけ人の心も揺さぶることになるわけです。

つまり、キレるという行為は、上手に使うことで、人間関係において自分の居場所をつくり、成功するためには欠かせないコミュニケーションのスキルであると言えます。

「いい人」には二種類ある

常に穏やかで優しい笑顔が絶えない人、つまり〝怒らない人〟が、一般的には〝いい人〟と言われると思います。けれども、本当に〝怒らない人〟が〝いい人〟なのでしょうか？

いい人には二種類います。

まず、いい人として他人から信頼される、つまり〝尊敬できるいい人〟。もう一つは、いい人として搾取される人、つまり〝都合のいい人〟です。

例えば、あなたが上司に選ぶなら、この二種類の〝いい人〟のどちらを選びますか？

〝都合のいい人〟は、あなたが失敗しても決して厳しく叱らないでしょう。その代わり、クライアントや他部署から無理難題を押し付けられても抗うことなく、むしろニコニコ応じてしまうでしょう。

〝都合のいい人〟は、まず〝キレる〟ことはありません。怒らず、人当たりはよいので、なんとなく人が寄ってくるように見えますが、本当に困ったときには役に立たないのでむしろ軽蔑されてしまいます。

〝尊敬できるいい人〟は、部下のあなたに対しても常に優しいというわけではなく、あなたが間違っているときには、「それは間違っている」と厳しく叱ってくれる人です。

こういう人はいざというときには、クライアントや他部署に対しても、断固として、自分の主張を通せる人です。職場で言葉を荒らげる＝〝キレる〟こともあるでしょう。けれども、その〝キレ〟の根本にある怒りが、周囲の人たちが共感、同調できるものであるから、説得力につながり、信頼されるのです。

ただし、こういう〝尊敬できるいい人〟にはある意味で弱点があります。〝ゴマをすること〟や〝無難であること〟、〝上への同調〟が出世の手段となる会社・組織では、幹部からは煙たがられたり、叩かれたりするリスクは否めません。

〝都合のいい人〟と〝尊敬できるいい人〟は、どのような組織・会社に属しているかによって、どちらの〝いい人〟が得をするのかは変わってきます。

どちらの〝いい人〟になりたいのかは、あなたの〝いい人〟に対する価値観によります。本書では、〝尊敬できるいい人〟になることを目指して論を進めていきます。

これからは、会社はもちろん、社会全体が変化しやすい時代です。日本でも、すでに終身雇用は崩壊しています。一つの会社・組織でヒエラルキーに従っていれば、得をするとか、もっと言えば、生き延びていける時代ではありません。自分の意見をはっきり言えて、ときには抵抗する、つまり〝尊敬できるいい人〟になるためのスキルを持っていたほうがより有利な時代であると言えるでしょう。

〝得するキレ方〟と〝損するキレ方〟

〝怒り〟の感情は脳科学的に、ヒトにとって必要不可欠なものですから、問題は〝キレる〟という行為をどのようにコントロールするかということになります。

私も含めて上手にキレることに慣れていない人が、キレる行為をコントロールするためには、〝上手なキレ方〟と〝損するキレ方〟を知ることです。

まず、〝キレるタイミング〟です。

ちょっとしたことでも、瞬間湯沸かし器のように沸騰して、即座にキレてしまう。あるいは、我慢に我慢を重ねた末に堪忍袋の緒が切れ、積もり積もった怒りが大爆発してしまう。いずれも〝損するキレ方〟です。

〝得するキレ方〟は、自分の感情を素直に受け止め、できるだけストレスが小さくなるようなタイミングを逃さずにキレます。伝えたいことを伝えたいタイミングで、過不足ない熱量で表現できるのです。

次に、〝キレた後の行動〟の違いです。

暴力行為は言語道断、最悪のキレ方ですが、その後の態度や言葉も、内容・程度によって、相手や周囲の納得や同調を得られるものか、あるいは、ただ自分勝手な私憤でしかないのかによって、キレ方の是非は変わります。

〝損するキレ方〟をする人は、怒りの感情を怒りに任せて衝動的な言動をとるため、周囲の人も巻き込み、相手だけでなく、多くの人に嫌な思いをさせ、最後には自分も後味の悪い思いをして取り返しのつかないことになってしまいます。もっと残念なのは、肝心の相手には自分の本音や物事の本質が伝わらず、逆に相手を優位に立たせてしまうような場合です。

もしご自身のキレ方を振り返り、感情の赴くまま突発的にキレてしまい、結果として状況が改善されない、もしくは悪化してしまうような場合は、それは損するキレ方なのです。

心に怒りが芽生えたら、気持ちを最も効果的に発散、処理し、さらに、キレることをコミユニケーションの有効な手段とするために、戦略的な〝得するキレ方〟を知る必要があります。この戦略的なキレ方については、第五章で具体例を挙げて解説します。

〝キレる〟人を避ける

自分がキレることはなくても、周囲に攻撃的な人がいて、ダメなキレ方をする人がいることもあるでしょう。

その場合の対処方法は、その人がキレる原因や、その人の性格によってそれぞれ異なります。〝キレる〟は、〝怒り〟の感情から起こる行動で、怒りの感情は人間に組み込まれた本能です。この〝怒り〟から〝キレる〟までを、脳科学の視点で分析すると、その対処方法にいくつか有効と思われる方法があります。

詳しくは第二章以降で後述しますが、まずは、ダメなキレ方をしやすい人が知り合いにいる場合の最善策は、極力近くに寄らないことです。近づくとろくなことはありません。触らぬ神に祟りなし。突然の〝キレ〟に巻き込まれないためには、そうした傾向のある人を見極めて関わることを避けるのが一番です。

しかし、どうしても避けられないような場合もあるでしょう。会社の同僚や上司、学校の先生や友人、あるいは家族など、避けることが難しいことが多々あります。

そうした場合、会社や学校であれば、思い切って辞めてしまい、物理的に距離をおくという選択肢があることも忘れないでほしいと思います。

ただ、会社を辞めることに罪悪感を持つ人もいると思いますが、毎日キレる人と関わることで、仕事どころではなくなり、そういう状態で職位にあり続けることこそ、誰の得にもならないものでしょう。逃げ場がなくなり、心を病み、最悪の場合に自らの死を選ぶよりは、会社を辞めることも、冷静に視野に入れるべきです。

〝キレる〟というコミュニケーションスキルを学ぶ

キレやすい人には、できるだけ近づかない、その環境から逃げるという選択肢を持っていても、やはり、相手の〝キレ〟に対応すること、投げられたボールを投げ返す練習もしておくほうがよいでしょう。投げ返すボールとは〝言葉〟と〝態度〟です。二度と不当な攻撃をされないように返す言葉、態度をできるだけたくさん覚え、練習しておくのです。

相手に反撃するために投げ返す言葉の選択肢が、「辞めます」「死にます」などの限られた、しかも極端なものだけで、もしくは、ひたすら黙る、耐え続けるという態度でしか対処できないままだと、問題をより深刻にしてしまうことにつながっていきます。まずは、職場や周囲など身近な場所で、〝キレ〟への対応が上手な人を見つけて、よく観察して学ぶとよいでしょう。対処が上手な人の中には、相手の、〝キレ〟のピークをかわして交渉に持ち込んだり、笑いに変えたりして、相手が冷静になったときに切り返したりしているものです。


大切なことは、話し言葉の使い方を学ぶことです。

私たちは学校教育で〝国語〟を学んでいます。日本語という言葉の文法を学び、文章を読んだり、そらんじたり、書いたり、その意味することを読み取ったりします。けれども、対人関係での会話やコミュニケーションの手段として話し言葉を有効に使う学習はしていません。学校でも教えてくれません。海外では、いじめはよくないものと教えるだけでなく、いじめられたときにどう言い返すのかといった学習をロールプレイなどで取り入れている例もあります。日本においても、言葉をうまく使いこなして、敵をつくらず、自分を守る方法を学ぶ機会はもっと増やすべきでしょう。

キレる人に対応する方法や、自分が上手にキレる方法は、現代社会に生きる上で必要不可欠なコミュニケーションスキルであり、これは、得意不得意にかかわらず、テクニックとして、誰でも学習して身に付けることができるのです。

〝キレ〟なければ搾取される

そもそも、怒りをそれほど感じないからキレないという人もいれば、怒りはあるのだけれどキレることができないという人もいるでしょう。

いずれにせよ、現代社会の中でキレない人はどうなるのでしょうか。

いいように利用されて、詐欺まがいのことをされても怒らない、あるいは怒ってもキレずに我慢している人はどうなるでしょうか。心の広い素晴らしい人？　いいえ、この人たちは単に〝いいカモ〟でしかありません。

お金や時間をひたすら搾取されてしまうでしょう。周囲の人も心配して、その人の代わりに怒ってくれるかもしれませんが、当人が怒って立ち向かっていかなければ、代理人の怒りでは、相手を変えることには限界があります。

ましてや、相手が怖い人や手強い相手、あるいはとても手間がかかりそうな相手だったら、自分の代わりになって、誰かが本気で解決してくれることを期待するのは難しいことです。自分のこと、人生を真剣に考えられる人は自分だけです。

自分が不利益を被っているとき、搾取されているとき、相手が圧力を加えてきたとき、それに対して怒りを感じるのであれば、どんなにキレることが嫌でも、また、慣れていなくても、自分の怒りをキレるという形で、はっきりと相手に示す必要があります。相手に悪意を持って不利益を与える人は、反撃してこない人を探し、その人を狙って攻撃し続けるからです。

キレるのに慣れている人というと、やっかいな人と感じるかもしれませんが、キレなければならないときに、慣れている人と慣れていない人では、慣れている人のほうが圧倒的に強いのです。

生きていれば、いろいろな場面で、私たちは自分の持っているリソースを搾取されてしまうことがあります。日本は比較的そういう場面が少ない国だとは思いますが、やはり搾取されることがあります。


例えば、新幹線のグリーン車の席を「譲ってくれ」と言う人がいるというのです。「混んでいるからいいでしょ。疲れているんだから譲りなさいよ」と平然と言ってくるのだそうです。厚顔無恥も甚だしい、思いも寄らないことですが、相手がちょっと強面の人だったり、そうでなくても、それこそキレて声高にまくし立てているような人だったりすると、気の弱い人などは、譲ってしまうこともあるかもしれません。

もちろん身体の具合が悪かったり、お年寄りだったり、こちらで譲ってもよいと思えれば構いませんが、そうではなく、なんとなく言い返せないから席を譲ってしまうのは、それは搾取されているのです。

そのときに「ここは私が買った席です。私は正当な価格を払って購入した席ですから、ここに座る正当な権利を持っています。あなたがそういうことをするのは窃盗もしくは恐喝ですよ」と言えるかどうか、です。

正当な怒りを持ち、そこで自分を守れるかどうかは、とても重要なことです。「自分に対して不当なことを言ってくるのはおかしい」と、キレる気持ちを持てるかどうか。

〝よいキレ方〟と〝悪いキレ方〟があるとすれば、〝よいキレ方〟は正当な怒り、相手に強くこちらの気持ちや意思を伝えるためのものであり、〝悪いキレ方〟は、自分本位の身勝手な怒りを相手にぶつけ散らすことです。

〝よいキレる〟は自分を大事にするということの第一歩なので、その練習をまずしなくてはなりません。

搾取されるのは、お金だけではありません。前述した新幹線の座席を取ろうとするのも搾取ですし、立場であったり、時間であったり、やる気だったり、さまざまです。

〝よいキレる〟、つまり正当な自分の怒りを表現できないために、大事なものを失ってしまうこともあるのです。

マインドコントロールされる危険性もある

言い返さないでいると、それが洗脳やマインドコントロールの入り口になってしまうこともあります。DVの人間関係もまさにそれです。支配的に振る舞う人は、相手が「あなたの言う通りです」と言ってしまう人なのかどうかを見ています。

洗脳しようとする人は、「あなたの言う通りです」と言う人に初めのうちは優しくするのが特徴です。そうやって信じさせるようにして徐々に取り込んでいくのです。

その後しばらくして、ちょっと抵抗したり、自分の主張をしたりすると、豹変してその主張をつぶそうとします。アメとムチを繰り返して、徐々に支配関係をつくっていきます。洗脳されて、服従の脳になってしまうと、考えないことが楽になってしまうのです。人の思考を奪うことで従属させて搾取するわけです。

DVのような個人レベルだけではなく、社会や組織と個人の関係においても、悲しいことですが、人間はヒエラルキーを重視する社会性を持った生物ですから、強いもの、大きいものに従うことを心地よく感じてしまう仕組みを持っているのです。〝長いものには巻かれろ〟ではありませんが、そうすることで、自分の裁量権を失っていきます。自分が属した社会や組織から叩かれることはなくなります。

そしてDVの人間関係のように、社会や組織に存在している問題を考えないことが楽になってしまうのです。なんでも社会や組織の〝常識〟〝慣習〟〝あるがまま〟に従っていれば、脳を使わず、考えなくて済むからです。

そうした社会や組織に身も脳も従属した人は、その中で異質な人に対しては和を乱すものとして攻撃を始めます。ですからそこから逃れるのはとても困難になるのです。だからこそ洗脳されそうになったら、最初のうちにキレることで、周囲に容易ならざる相手であることを知らしめる必要があります。

対人関係においては、最初から「洗脳もマインドコントロールも利かない」「理不尽なことには黙っていない」というところを見せなくてはなりません。社会や組織においても、闘うときには闘い、言うべきときには言う人であることを見せる必要があります。

言い返さない人はいじめの対象になりやすい

例えば、いじめの問題。最初は単なる〝いじり〟や〝からかい〟かもしれません。しかし、いじられたりしたときに、言い返す子と言い返さない子では、その後でどちらがいじめに発展する可能性があるでしょうか。いじめの対象になりやすい人は、おとなしくて言い返さない人です。

最初はいじり行為でも、やった相手はやられた人の反応を見ています。反撃してこないと思うと、いじりやからかいはエスカレートし、やがてはいじめになっていきます。

そして一度いじめが始まったら、それを止めることは非常に難しいのです。残念ながら子どもたちは、自らサバイバルをしなくてはならない社会・環境の中にいます。では、どうやって自分を守ったらよいのでしょうか。

学校という社会の中でサバイバルしていく武器の一つとして、上手に〝キレる〟ということを使ってほしいのです。ひたすら黙って耐えて、最後に自分の命を絶ってしまうよりも、はるかにキレたほうがよいはずです。

「バカ」や「チビ」と言われたときに、「お前も世界基準で見たらチビだろ」「燃費がよくていいだろ」などと軽妙な感じででも言い返す人はいじめられにくいのです。「確かにその通りだ」と思ったとしても、言い返さなければなりません。「確かにその通りだけど、お前に言われる筋合いねーよ」と言えるかが大事です。

いじめられそうになったら、「それって犯罪だよ」と言うだけで、相手のその後の行動は、まったく変わってくるはずなのです。

自分のことを不当に扱われたら、怒るべきです。もちろん問題は、それほど簡単ではないかもしれません。言い返したことでさらにいじめが激しくなるような場合は、絶対に逃げなくてはなりません。学校を休む、転校するといった方法も必要になるでしょう。

この本で伝えたいことは、キレるということが、必ずしもデメリットだけではないということです。

例えば、自信のある人、気の強い人であれば、キレることもなく、相手を圧倒することもできるでしょう。でも、そうでないほとんどの人は、自分の主張や反論をうまく相手に伝えることができません。ですからキレるという、意識のアクセルを一気に踏み込むような行動が自分を守る術として必要なことです。

生き抜くために〝キレる〟スキルを身に付ける

サバイバルは子どもだけではありません。大人になってからも延々と続いていきます。職場の上司の暴言やパワハラに耐えられず、精神を病んで会社を辞める。最悪の結末として、辞められずに自殺してしまう人について、「なぜそんな上司の言いなりになっているの？」と思う人もいるでしょう。

でも、そういう人ほど真面目で、仕事熱心な人だったりします。そして、上司に反論や意見を言うことを憚ってしまうような気遣いの人でもあります。

気づいたときには、もはや手遅れになっているのです。思いやってくれる周囲の言葉も心に届かず、〝キレる〟が自分に向かってしまいます。最初の、まだ心が元気なうちに、その暴言に対してひと言言い返していれば、そこまで追い込まれることはなかったかもしれません。人間関係をつくるのに、出会いの初めはとても肝心で、そのときに言い返せるのか、言い返せないのかがその後の関係に大きく影響します。

日本人の〝キレ〟下手は、教育にも原因があるかもしれません。学校で「すぐにキレたらいけない」と教えられ、その背景として、日本では「いい人は怒らない人」というイメージが強くあります。

日本の学校では、話し言葉を学習しません。つまり、言葉を使ってどう自分の〝怒り〟を表現して抵抗するのかということも学ぶチャンスが少なくとも授業の中には皆無なのです。本書では、何度も繰り返します。〝感情的にキレる〟のではなく、自分の感情をきちんと表現し、〝守るためにキレる〟ことを学んでほしいのです。

子どもでも大人でも、それぞれの社会で生き抜き、サバイバルするためにも、〝キレるスキル〟を身に付けることの必要性に気づいてほしいと思うのです。

第二章

キレる人の脳で起こっていること

〝キレる〟を科学する

この章では、キレる人から標的にされるのを避け、自分自身も賢くキレて自分のリソースを搾取されないためにも、なぜ人は〝キレる〟のか、その仕組みを科学的に分析することを試みます。メカニズムを理解することで、自分のキレる行為をコントロールできるようになったり、さらに、なぜ相手がキレるのか、タイミングや対処法が見えてきたりするでしょう。

1）自分を守り、闘う機能として〝キレる〟場合

〝闘うホルモン〟ノルアドレナリン

キレる前段として、怒りがあります。ヒトが激しい怒りを感じるとき、脳の中では何が起こっているのでしょうか。

怒りの原因として主に考えられる脳内物質は、ノルアドレナリンやアドレナリンです。

ノルアドレナリンやアドレナリンは、ドーパミン、セロトニンなどの神経伝達物質の一種です。特にノルアドレナリンは、ストレスに反応し、神経を興奮させる神経伝達物質で、やる気を出させるホルモンですが、同じく怒りや興奮を感じさせる物質でもあり、〝闘うホルモン〟とも言われています。

非常に不条理な仕打ちをされたり、危険を感じたりしたとき、脳の新皮質、全体上皮質が刺激されます。そうするとノルアドレナリンが分泌されて脳は興奮し、攻撃的になります。

その一方で、脳には別の反応も表れます。不安や恐怖を司る〝扁桃体〟という部分が反応します。ノルアドレナリンによる興奮状態になるとともに、扁桃体の反応で相手に対する恐れや不快さを感じる。それらが脳が〝怒っている〟という状態です。

ノルアドレナリンとアドレナリン

ノルアドレナリンは、多くの動物に分泌されている原始的な物質です。

動物を例に説明してみましょう。

動物が激しい怒りを感じるときはどのようなときでしょうか。それは自分に危害を加えようとするものを〝攻撃〟するときです。攻撃するためには、脳や筋肉を活性化しなくてはいけません。ノルアドレナリンの分泌によって神経を興奮させ、脳と身体を闘える状態にするのです。

ノルアドレナリンが分泌されると、身体は以下のような状態になります。

- 心拍数・血圧・血糖値が上昇する
- 注意力を上げる
- 痛覚を鈍くする
- 瞳孔が拡大する
- 身体が興奮状態になり、集中力が高まる
- やる気や意欲が高まる
- 記憶力が高まる
- ストレスの耐性を強める
- アドレナリンが分泌される

具体的には、ノルアドレナリンの働きによって、脳が覚醒し、集中力、注意力、判断力が高まります。さらに、筋肉に酸素や栄養を送るために血圧や心拍数が上昇します。

この怒りのメカニズムは、人間にも同じように働きます。人間も激しい怒りを感じたとき、顔が赤くなったり、心臓がバクバクしたり、声や手が震えたりするのは、このノルアドレナリンの濃度が高まることによって起きた身体の反応です。興奮のあまり冷静な態度がとれなくなるのも、〝闘うホルモン＝ノルアドレナリン〟の濃度が高まっている証拠です。体全体で闘いに集中しようとしているからなのです。

ノルアドレナリンが分泌されると、同時にアドレナリンも分泌されます。ノルアドレナリンが主に神経に作用するのに対し、アドレナリンは主に筋肉に作用するため、筋肉を増強し、身体への酸素の供給量を増やす効果があり、持久力もアップします。アドレナリンの分泌により、闘いにおいてより力を発揮できるようになるわけです。

人類の歴史は闘いの歴史

〝闘うホルモン〟ノルアドレナリンやアドレナリンは、現代の市民生活、日常生活ではあまり必要ではないように思われます。しかし、戦闘がない、闘わなくてよいという環境は、人類の歴史の中でも珍しい状況なのです。人類の歴史は闘いの歴史とも言えます。

外敵や戦争による闘いがなかったとしても、狩猟採集のときには獲物と闘う必要がありました。つまり、ヒトには、仲間たちと仲よく過ごすモードと、戦闘するモードの両方が必要でした。

自分たちに「危機が迫っているぞ」「闘わなければならない」ということを察知したとき、脳や身体を戦闘モードにスイッチさせるために、アドレナリンなどが分泌されるわけです。

特に腕力を使って喧嘩をするわけではないのに、口論しただけで手が震えて、のぼせたように感じたことはありませんか？　これもノルアドレナリンなどの効果によるものなのです。アドレナリンの分泌で血糖値や血圧が上がります。その結果顔が赤くなるので、怒ったときに「頭に血が上る」「頭にくる」というような言い方をするのは、まさに言い得て妙です。

公共の場で怒りを爆発させることは推奨されませんが、実は必要な感情でもあるのです。今の社会では、キレている人の姿を見て周りの人は不快になります。しかし、人間の歴史では、上手にキレる人が武勲を上げ、のし上がっていく時代のほうが長かったわけです。闘わない人よりも、うまく闘える人が選ばれてきたという歴史があるわけで、であるからこそ、今でも〝キレる〟という機能が残っていると考えられます。

実際今も、キレてその場を制した人に対して、人は服従するものです。キレる人がその場の主導権を握っていくという構造そのものは変わっていないのではないでしょうか。

アスリートや格闘家には不可欠なホルモン

怒りにくい人というのは、こうした戦闘のための物質があまり出ない人です。平和でセーフティネットの強固なところでは生き延びられるけれど、そうでない場所では、生き延びることができないかもしれません。

生きるためだけでなく、自分の能力を発揮するためにも、怒りの感情が必要とされることもあります。

現代社会においても、格闘家やアスリートの人にとって、このアドレナリンは重要なホルモンと言えるでしょう。普段から戦闘や競争に慣れている格闘家や、アスリートの人は、対戦相手が現れたからといって、いつもアドレナリンやノルアドレナリンが上がるわけではありません。しかし、この物質が出ないと、運動能力が高まらないということを経験的に知っているので、自分の顔や身体を叩いたり、大声で叫んだりして自分を鼓舞するのでしょう。自らストレスを与えて意図的にノルアドレナリンの分泌を促しているのです。いわば自分で自分の身体をキレた状態にして、パフォーマンスを上げるのです。

〝闘争ホルモン〟は〝逃走ホルモン〟

アドレナリンは運動機能を高めますが、その持続効果が短いという特徴があります。

〝火事場のバカ力〟という言葉があります。緊急事態に気合を入れることで、一瞬だけ普段以上の力が出ますが、これもアドレナリンの効果と言えるでしょう。いずれにせよ持続効果は短時間です。

つまり、一瞬カッとなったとしても、しばらくすると平静に戻るわけです。

命に危険があるわけではないのに、危機的状態になったと脳が勝手に判断してしまうような状況もしばしばあるでしょう。

例えば、知らない人に暴言を吐かれたり、突然体当たりされたときなどです。その瞬間は強いストレスを感じ、逆ギレして攻撃しようと身体が反応したとしても、一瞬その場から離れて時間をおいてみると、アドレナリンの濃度が下がり、落ち着いてくることもあるでしょう。

もしもそのストレスに過敏に反応し、戦闘モードになって攻撃してしまった場合、自分が強い場合は、日本では少なくとも傷害罪に問われかねません。逆に自分が弱ければケガを負わされてしまうなど、どちらにしてもよいことにはなりません。アドレナリンの効果で身体が効率的に動ける状態になったことを利用して、〝さっさとその場から去る〟というのが一番賢い選択なのだろうと思います。実は、〝闘争ホルモン〟のアドレナリンは〝逃走ホルモン〟とも言えるのです。

最近の事件を見ても、一見普通の人のように見える人がスタンガンなどの武器を持って攻撃してくる場合もあるので、悔しい気持ちが残ったとしても、〝命あってのものだね〟という認知に持っていけるようにするのがよいだろうと思います。

また、アドレナリンは別名ストレスホルモンと言われ、分泌されている間は血圧が上がり心拍数が増えます。つまり、身体の負担が増え、それが長期間に及ぶと突然倒れたり高血圧になったりします。脳血管障害や心臓に不安を抱えている人は、あまり激しくキレないほうがよいでしょう。

2）抑制が利かずに怒り続ける場合

前頭前野の機能低下により、怒りっぽくなる

キレても、その衝動は短時間で収まることは説明しました。もしも時間が経っても怒りが収まらず、キレ続けるような場合は、脳内で怒りの感情を抑制するブレーキの領域であ

る前頭前野がしっかり働いていない状態だと考えられます。

前頭前野は大脳の前方部分の領域で、理性や思考、感情、意欲など、最もヒトらしい部分を司る部位です。他の動物の脳と比べてもヒトが最も発達している部位でもあります。

恐怖や危険を察知したら、誰もがいつでも相手を攻撃するわけではありません。怒りや不快を感じても、キレたり、相手を攻撃するという衝動的行動を抑えることができます。

通常ならば、ストレスを感じて、多少心に波風が立つようなことがあったとしても、前頭前野が「今はこういう感情を表出すべきではない」という判断をし、意志で感情をコントロールして衝動的な行動を抑えます。

前頭前野の機能が低下すると、これらの機能もうまく働かなくなってしまいます。

【前頭前野の機能】

・思考する

・行動を抑制する

・コミュニケーションする
・意思決定する
・情動の制御をする
・記憶のコントロールをする
・意識・注意を集中する
・注意を分散する

ところが、ヒトの意志の力、前頭前野の機能というのは、それほど信頼がおけるものではありません。どんなに「自分は意志が強い。意志の力で怒りを抑えられる」と思っている人であっても、意志の強さというものは容易に決壊してしまうのも事実です。

例えば、睡眠不足であったり、お酒を飲んでいたりする状態では、前頭前野の機能が低下し、判断力が鈍くなり、強い意志が利かなくなってしまうこともあるのです。

老化による前頭前野の萎縮

前頭前野の機能が低下する理由として考えられるのは飲酒や睡眠不足のほか、体調不良や麻薬の使用、そして脳の老化現象が挙げられます。

脳の老化というと、記憶力の低下というイメージがありますが、老化によって記憶を司る〝海馬〟よりも先に、前頭前野が萎縮することがわかっています。

1996年、アメリカでロングトレースらが、65歳以上で、健康な人3301人の脳を分析したところ、高齢になるにつれ、前頭葉の部分から萎縮が始まることがわかりました。定年を迎える60代の段階では、若いころとそれほど大きな違いは見られないのですが、70歳を超えると、3割くらいの人に萎縮の現象が見られ、前頭葉の隙間、右脳と左脳の間に隙間ができてくるのです。

つまり、老化は後頭葉より前頭葉のほうが影響を受けやすいということがわかったのです。

前頭葉はキレる自分を抑えたり、相手の気持ちを理解したりして、自分の行動を決めるという理性を司る部位です。〝暴走老人〟という言葉が表すように、情動の制御、行動の制御ができなくなり、ちょっとしたことでカッとなってしまったり、些細なことで暴言を吐いたりするのは、ブレーキとして働いていた前頭葉が萎縮することが原因で、感情を抑えるブレーキが弱くなるということで説明ができるのです。

老化で頑固になる理由

年をとると、頑固な性格がさらに頑固になる人もいます。前頭葉が萎縮することで、ブレない人格というのもブレていきそうな気がするのですが、そうではなく、相手に合わせて柔軟に物事を理解するということができなくなるのです。

「言ってはいけないことを言わないようにしよう」とか、「自分とは違う考えだが、いろいろな人がいるから聞いておこう」という、その場に合わせた対応ができなくなっていくというわけです。

これらも脳の萎縮が原因と言えるでしょう。行動を制御する、抑えるという機能を司る部位は前頭前野の外側にありますが、〝ブレる、ブレない〟という行為に関しては、眼窩前頭皮質や内側《ないそく》という部位が関係しており、この部位が萎縮することによって起こりうる症状なのです。

「ペプシチャレンジ」というキャンペーンをご存じでしょうか。1970年代アメリカと、1980年代の日本で行われた試飲キャンペーンで、一般消費者がペプシコーラとコカ・コーラを飲み比べて、どちらを好むのかを実験するという企画でした。

ペプシコーラとコカ・コーラを用意し、目隠しをしてそれぞれのコーラを飲ませると、ペプシコーラを選ぶ人がやや多いのですが、ブランド名を見せた状態で選ばせると、コカ・コーラを選ぶ人が多かったのです。

この結果、コーラは味よりもブランドで選ぶ傾向があるということがわかりました。

ところがこの〝ペプシチャレンジ〟のような実験を眼窩前頭皮質が損傷した人に行うと、「ブランドにかかわらず、私はペプシが好きです」という人が多くなるのです。一見、後者のほうがブランドに左右されずに、自分の意思を持っていると思われがちですが、実は脳が働いていない状態なのです。自分の好みを、周りの状況に合わせて変えられないということでもあるのです。

よい意味では同調圧力に屈しないということもありますが、そもそも同調ができない状態なのです。実は同調圧力を感じられるというのは、社会性があるということであり、機能が高い証拠です。同調圧力を感じられなくなると、周りのことを気にせずに困ったことをしてしまうことも増えてきます。

「ちょっとおじいちゃん、人が見ているからそんな恥ずかしいことやめてよ」ということをやって、「以前はもっと周りの人のことを気にする人だったのに」と言われたりするような現象が起こるのです。

「頑固な性格がさらに頑固になる」のは、相手の話が聞けない人は恥ずかしいという意識が薄まってしまうからです。つまり、自分の考えに固執するというよりも、人の話を聞く機能が衰えているのです。

3）攻撃することが快楽になっている場合

前頭前野の機能が強すぎる人

前頭前野の機能低下によって、怒りの感情を抑制できず、衝動的な行動に出てしまうことは前述しました。

しかし実は、理性的な行動を促す前頭前野の機能が強すぎる場合も、相手を過剰に攻撃する言動につながることがあります。最も恐ろしいのは「自分には怒る正当な理由がある」と判断した場合です。なぜなら怒りがどんどん加速してしまうからです。

例えば、新幹線などで、前の席に座った人が断りなしに座席を後ろに倒してきたという些細なことでキレて前の席を思い切り蹴ったり、声を荒らげる人に出会うことがあります。「座席を倒す場合は後ろの席の人に必ず断るべき」という自分のルール、自分の正義にそぐわないとキレるスイッチが入ってしまい、さらに、強すぎる前頭前野の働きで怒りが加速してしまうのです。

実は、こうしたキレ方のほうがより激しく、恐ろしいのです。なぜなら、自分が正しいことをしているという正義感による制裁行動は、さらにもう一つの脳内物質が関係するため、より過激になり、止めることが困難になるからです。

ドーパミンによる正義の制裁で快感

正義感から制裁行動が発動するとき、脳内にはドーパミンが放出され、快感を覚えることがわかっています。

ドーパミンは、ノルアドレナリン同様に興奮性の神経伝達物質です。ドーパミンは〝快楽物質〟とも呼ばれ、脳内に快感をもたらします。快楽からその行動がやめられなくなり、麻薬やアルコールなどの依存症などを引き起こしてしまうことがあります。

ドーパミンは前頭前野を興奮させ、意欲的にさせる物質でもあり、大量に分泌されると興奮状態になり、過剰な攻撃をしてしまうことがあります。

なぜ攻撃で快感を覚えるのか？ それは、〝間違った行動をした人を正す〟という正義感を持って制裁行動を行っているため、〝自分は正しいことをしている〟という〝承認欲求〟が充足するからだと考えられます。

ルールを守らないものを制裁行動によって正そうとすることで快感を得ているのです。

ドーパミンは一度出始めると、前頭葉をはじめ、脳のさまざまな神経を刺激し、快感を届けようとします。ですから、理性が働かなくなります。自分は正義を行っているという満足感から、攻撃することに中毒になってしまっている状態なので、止めることが難しいのです。ドーパミンが出ている状態では、言葉で諭したり、一瞬その場を離れたりしたくらいでは、攻撃を避けることはできません。ですから、ドーパミンが放出されている状態の怒りからはできるだけ〝逃げるが勝ち〟です。

4）思春期の場合

思春期の男子が〝キレ〟やすい理由

ヒトには理由もなく〝キレやすいという時期〟があります。例えば、子どもの反抗期。それまで優しかった息子が突然理由もなくイライラして、暴言を吐くようになって驚かれるお母さんも多いでしょう。

思春期と言われるのが、10歳から17歳頃。これは男性ホルモンであるテストステロンが大量に分泌される時期と重なります。テストステロンは睾丸で作られ、脳に向かって放出され、身体や心を男性にしていきます。

テストステロンは胎児のときに大量に分泌され、さらに9歳から再度少しずつ分泌量が急に増えだし、15歳でピークを迎えると言われています。この時期に、男子の身体では、声変わりする、ひげが生えるなど、思春期の二次性徴の発現を促します。

テストステロンが増えると、身体だけでなく、精神的にも大きな変化が表れます。孤独を好むようになり、親子でべたべたした人間関係をあまり好まなくなります。一人でいることのほうが、心が休まり、自分の部屋で一人の時間を過ごしたがる傾向が強くなります。

さらに、攻撃性や支配欲が高まり、自分でも理由がよくわからないまま攻撃衝動が出てくることがあるのです。別に攻撃しなくてもいい相手なのに、攻撃してもよい口実を見つけると、宣戦布告してしまったりすることが起こりがちです。

さらに、子どもは前述した前頭前野が未発達なため、抑制のブレーキが利かず、感情のコントロールが困難なため、衝動的に過激な攻撃行動に出てしまうことがあります。

前頭前野が最も成熟する時期というのは、30代から60歳ごろです。それまでは、なかなか怒りの衝動を抑えることが難しい時期なのです。

テストステロンは女性も持っている

テストステロンは男性ホルモンなので、男性にしかないと思われるかもしれませんが、実は女性もテストステロンは分泌されています。

一人でいることを好み、「自分よりも優れた人がいることを許せない」と感じるなど、支配欲の強い女性はテストステロンの濃度が高いと言えるかもしれません。

そういうタイプの人は、仲間よりもヒエラルキーが大事で、ヒエラルキーの上に自分が立っていることが必要だと認識しているのです。性別は関係なく、〝縄張り意識〟や〝肩書〟への執着が強く、攻撃性が強くなります。しかし、怒って相手を威嚇する人というのは、従属する構造さえつくってしまえば、自分を守ってくれたりもするため、特徴を生かし、状況次第では上手に付き合うのが得策かもしれません。

5）家族や仲間に攻撃的になる場合

家族間殺人が増えている

家族間殺人が増えているのをご存じでしょうか。

殺人の件数自体は減少しているのですが、親族による犯行の割合は増えているのです。

殺人の5割は親族による犯行と言われています。

殺人という犯罪に至らなくても、児童虐待やDVなど、家族間の暴力的行為は近年大きな社会問題になっています。こうしたニュースを見ると、「家族なのだからもっと寛容になるべき」「親は子どもに愛情を注ぎ、守るべき存在なのに、暴力を振るうなんて信じられない」と言う人がいます。

しかし、家族への愛情と非暴力は必ずしもイコールではありません。

日本でもよく聞かれるようになった「毒親」。

育児放棄、肉体的のみならず精神的な虐待や、過度の干渉によって子どもを支配しようとするなど、まさに子どもの人生にとって毒になる親のことです。

この「毒親」の中でも、特に共感を呼ぶと思われるのは、母娘間のトラブルではないでしょうか。漫画などでも母娘の関係の難しさを体験談として書いた関連本も多く出ています。

母子関係における難しさは私も身近な人からよく耳にすることがあります。

「娘との関係がとっても大変だ」とおっしゃる女性がとても多いのです。どうしても娘に対しては暴言を吐いてしまう。どうしても許せずにキレてしまうなど、感情を抑えられないと吐露する母親をたくさん見聞きしてきました。

娘の意見としてよく耳にするのは、母は結婚しようとする娘に対し、娘の結婚相手の選択をコントロールしようとすることがあるという問題です。

自分と同じような失敗を子どもにさせたくないのか、自分が成功したから子どもにもそうなってほしいのか、はたまた自分が失敗したから子どもに成功されると面白くないという気持ちなのか……。子どもを支配しようとしたり、レールを敷こうとしたりするとき、母はそれを子に対する愛情だと信じているようです。

「あなたのためを思ってやっているのよ」

もちろんその通りでしょう。でも、その濃厚な愛情には、ある脳内物質が関わっています。それが〝オキシトシン〟です。

オキシトシンとは

オキシトシンは〝愛情ホルモン〟と呼ばれ、脳に愛情を感じさせたり、親近感を持たせたりして、人と人との絆をつくるホルモンです。

オキシトシンが最も分泌される瞬間は、セックスと分娩のときです。

では、オキシトシンは女性に多いのかというと、これまでの研究により、男性にも分泌されているホルモンであることがわかっています。

例えば、男女を問わずスキンシップをとったり、名前を呼び合ったり、目を見て話すといった行為を続けているとオキシトシンが分泌されると言われています。

さらに、誰かと同じ空間に長い時間一緒にいるというだけでも、オキシトシンの濃度が高まるということがわかっています。

愛着から生まれる激しい怒りもある

仲間や子どもに愛情を感じるなど、オキシトシンが促進する行動は、一見すると人間関係をつくる上でよいものであるように感じられます。

しかし実は、オキシトシンが増えることで、デメリットもあることがわかっています。愛着が強すぎるあまり、〝憎しみ〟〝妬み〟の感情も強まってしまうという側面もあるからです。いわゆる〝かわいさ余って憎さ百倍〟という感情です。

愛憎、正反対の感情が、オキシトシンによってどちらも高まるのには理由があります。オキシトシンは、先に述べたように愛情を感じ、絆を強くする物質です。

逆にその愛情を裏切るような行為や、お互いの信頼を裏切るような人や行為に対して、攻撃して阻止するという行動を促進するのです。

なぜこのような行為が起こるのか。オキシトシンの濃度が高いとき、私たちの心理には興味深い現象が起こります。

〝外集団バイアス〟と〝社会的排除〟です。

外集団バイアスとは、〝自分たち〟の集団に含まれず、〝自分たち〟と異なる人たちを不当に低く見なす認知バイアスのことです。ヘイトスピーチもこの一つの表れであると言えるでしょう。社会的排除とは、〝自分たち〟の中にいながら〝自分たち〟とは異質な人たちを不当に攻撃したり無視したりして起こる排除のことを言います。この仲間は認めるが、異質なものの存在を認めない、というのがオキシトシンの働きの大きな部分です。

夫（妻）の行動が許せない理由

オキシトシンは、当然母娘間、同性においてのみ働くわけではありません。夫は異性であっても家族、つまり仲間でありオキシトシンの影響が及びます。逆に夫にとって妻の存在も同様です。

家族の中でこのオキシトシンによる仕組みが働くとき、親が子どもをコントロールしたくなるという現象が起こるだけでなく、妻が夫を束縛して、一度決めたルールを乱すことが許せないと感じたりします。夫が妻を支配したくなり、自分の価値観を押し付けようとすることもあります。

「子どもに家族のルールを逸脱することを許さない」「妻や夫が好き勝手やることは認めない」というのは、「愛情ホルモン」であるオキシトシンがそうさせるのです。

他人だったら気にならないのに、夫や妻にされるとなぜかイラッとすることはよくあることです。

私自身、自分の夫に対して、「これは何回も言っているからわかっているはずなのに、どうしてやってくれないんだろう」とイライラして、さらに「私への嫌がらせでやらないのかしら？」と逆恨みしてしまい、「何回も言ったよね？」とキレてしまうこともあります。これはオキシトシンにより、夫が自分と違う人格だと思えないからなのでしょう。

このメカニズムは非常にやっかいで、客観的な視点からは醜悪な行為に見えるものの、やっている当人にしてみれば極めて正当な行動を正当な理由に基づいてやっているとしか認知されません。

正当な理由。それは〝家庭生活を守らなければ〟〝私たちの社会を維持しなければ〟〝共同体のルールに従わなければ〟という理由です。

興味深いことに、ヘイトスピーチをしたり、社会的弱者を攻撃したりする人たちの気持ちの中には、「自分は社会正義を執行している」「私たちの行動は社会秩序を守るためである」というある種の強い正義感が見られます。

この攻撃は両者とも、極めて主観的な視点からは「共同体の絆を強めるもの」として行動に移されるものです。恐ろしいことに、愛情と絆を強めようとする働きが、排外性と弱者への攻撃を同時に強めてしまうのです。

愛情ホルモンこそが、社会、組織、家族の構成員に息苦しいまでのコントロールを強いてしまうのだということが、生理的な要素として説明できるのです。

6）不安感や妬みから〝キレる〟場合

安心ホルモン「セロトニン」の分泌と効果

セロトニンは脳内で神経伝達物質として働いていて、〝安心ホルモン〟とも呼ばれています。セロトニンを分泌するセロトニン神経は、中脳にある縫線核《ほうせんかく》という部位にあり、そこから前頭葉の前頭前野でシナプスを形成し、視床、線条体、海馬・扁桃体、脊髄などといった部位に神経を伸ばして情報を伝達しています。

セロトニンは脳に多くの影響を与えています。セロトニンが多く分泌されているとリラックスして、満ち足りた気持ちになり、セロトニンが少ないと、不安を感じやすくなると言われています。さらに、セロトニンの量が減ると前頭前野の働きが悪くなってしまいます。前頭前野の働きが低下すると、共感、計画性、意欲といった、適切な社会行動をとるための能力が低下します。そのため社会性が低下して、理性を保てず衝動的な行動が多くなることもあります。またセロトニンの低下がうつ病につながることもあります。セロトニンを増やす作用を持つ抗うつ剤が、うつ病や不安障害の治療に使われるのもこのためです。

自分が損しても、相手の利益を阻止する人

京都大学の高橋英彦准教授を中心とした研究グループは、PET（ポジトロン・エミッション・トモグラフィー：陽電子放射断層撮影）を使って、人が不公平な扱いを受けたことで攻撃的になるとき、その攻撃行動には個人差があり、それには脳内においてセロトニンが関与していることを世界で初めて明らかにしました。

研究では、健常者を対象に〝最後通牒ゲーム〟という経済ゲームを行い、不公平なお金の分配を提示されたときにとる行動の個人差を分析しました。

ゲームは提案者と受領者の2人で行われました。提案者はお金の総額、例えば1000円を自分と受領者とでどのように分配するかを自由に決めて受領者に提案することができます。自分と受領者で500円ずつ公平に分配する提案も可能ですし、自分は800円で受領者には200円とする分配の提案もできます。

受領者は提案者の提案を受け入れることもできますが、拒否することもできます。しかし受け入れれば、提案通り2人にお金が分配されますが、拒否した場合はどちらも受取金額は0円になってしまいます。そうなると結果的には提案者も受領者も損をすることになるというわけです。

これまでの経済理論では、経済活動をする人は損得を合理的に判断し、最も利益を上げる行動を選択するはずであるとされてきました。

その仮説から言うと、受領者はやや不公平な提案であっても少額であっても、利益を優先すると思われてきました。

高橋准教授の実験では、受領者の受け取る金額が300円以下という不公平な提案を受けたときには、たとえ自分がもらえる金額が0円になるとわかっていても、その提案を拒否する人もいるという結果になりました。

提案を拒否する理由は、不公平な提案は許せないという怒りであったり、不正な提案をする人への報復であるという分析結果が示されました。

そして、この不公平な提案をされたときに、提案を拒否する人と提案を受け入れて少額でもよいから受け取ろうとする人の間には、とる行動に個人差があることがわかりました。その個人差の要因として挙がったのが、〝セロトニントランスポーター〟です。提案を拒否し、自分が損してでも相手に利益を与えることを阻止しようとする人は、提案を受け入れる人に比べて、セロトニントランスポーターの濃度が低いという結果が出たのです。

セロトニントランスポーターとは、脳内に分泌されたセロトニンをリサイクルして効率よく使い回すたんぱく質です。つまりセロトニントランスポーターの濃度は、安心ホルモンであるセロトニンの作用に大きく作用するものです。

そして、このセロトニントランスポーターの濃度が低い人は、決して普段から攻撃な人ではなく、逆に真面目で人を信頼しやすいということもわかりました。

この実験結果からわかることは、セロトニントランスポーターの濃度が低い人、つまり不安になりやすいが普段は真面目でおとなしく、人を信用しやすい人が、相手がズルをしている、自分に不当なことをしていると感じると、自分の時間やお金などコストをかけても、相手を懲らしめたい、報復したいと思ってしまう傾向があるということです。

ここまで、キレる脳のメカニズムを述べてきました。次章からは、キレる人やキレる自分に対し、どのように対処するとよいのか、よく見られるケースを取り上げて考えてみたいと思います。

第二章

キレる人との付き合い方

ケース1 支配的で、立場を利用しパワハラをする会社の上司

標的になるのを避ける「アンダードッグ効果」

自分の立場を利用して、弱い立場の人を支配したがる人はどこの世界にもいるものです。会社の上司と部下など、従属関係のある場合もそうですが、体育会系サークルの監督やコーチなどでも、上から抑えつけるタイプの人はよくいます。

最近はこうした企業や部活動でのパワハラや暴力は、事件として取り上げられることも多くなりました。それでもなかなかなくならないのは、困ったものです。

こうした支配したがる人に対して、それほど関係が深くない、もしくは攻撃が軽いうちは、自分は相手に従順であることを言葉や態度で示し、あえて自分の弱みを見せる〝アンダードッグ効果〟は有効かもしれません。

実際に権力や立場を持って支配しようとする上司の周りには、ご機嫌をとろうとするコバンザメのような人がたくさんいると思います。

その人たちも、本当にその上司を信頼してついていっているわけではなく、自分が攻撃されないために、自分の腹を見せて弱みを握らせて、攻撃を回避するという戦略をとっている場合も多いでしょう。実はそういう人たちは結構やっかいで、上司に従わない人に対しては、組織的に攻撃をしてきます。結局自分もコバンザメになるか、あるいはそこから脱却するにはどうすればよいかという選択を迫られてしまうこともあります。

人間の歴史は支配の歴史

同類の上に立ち、支配したがるというのは、霊長類の特徴です。

人間も霊長類なので、力を見せつけて支配したい、社会的にヒエラルキーの上に立ちたいという性質があるのも仕方のないことです。誰しも自分の中には、そういう側面がわずかでもあることは自覚しておいたほうがよいでしょう。

誰かを支配し、自分の立場を守るということは、人間の歴史そのものでもあるからです。

しかし、社会性のある現代の人ならば、言葉で相手に恐怖を感じさせるほど威嚇して、感情を爆発させるようなことはしません。もっと感情をコントロールしようとします。そのほうが本当の意味で尊敬されることを知っているからです。なぜなら私たちは、たとえ上下関係があっても、誰かから高圧的に力によって支配されることにストレスを感じるからです。

これは現代の日本における学校教育の賜物です。学校教育によって、「みんな平等である」ということを教えられることで、力で支配しようとする人に疑問を持つようになるのです。これは教育の勝利と言えるでしょう。

その反面、社会に出ると〝実は平等ではない〟ということを否が応でも目にすることになり、その不条理に苦しむ人も出てくるのではないでしょうか。

学生時代にも、もちろん不平等な現実が見え隠れすることがあります。しかし教育の場は平等が前提となりますから、平等ではないと感じたときに〝どうしたら平等になれるのか〟と考え、平等を求めることが可能です。

ところが現実社会はそうではないので、学生の気分で平等を求めようとすると間違った戦略に出てしまうことがあります。

例えば、最初に相手が強い態度に出たときに、自分が一歩引けば、相手も引いてくれて丸く収まると勘違いをしてしまうのです。ところが支配力が強い人は、それでは収まりません。相手が引いたら、引いただけその領域を奪ってもよいと思ってしまうのです。つまり引けば引くほど自分の領域が狭くなっていきます。結果的に自分がいる場所がなくなってしまうのです。

相手に踏み込まれたくない領域をきちんと示す

そうならないためには初動がものすごく大事です。

相手が監督や上司など、自分より明らかに立場が上だとわかっていても、「ここから先は入ったら困ります」というところを、しっかり示しておかなければならないのです。関係が深まってしまってから突然訴えても、相手はなかなか納得してくれないので、まだ関係が浅いうちに、何か不条理なことを押し付けられそうなときには、自分の立場を守るために、はっきりと言い返さなくてはいけません。

これは、実は私もあまり上手ではないのですが、周囲を見ていると本当に上手な人がいるなと感じます。上司に「こいつにはちょっと言いにくいな」と思わせることのできる人です。

「私、呼び捨てにされるのが嫌いなんですよね」などと、さらっと言える人です。男性でも、真面目で愚直な人には無理難題を押し付ける上司が、必ず何か言い返してくるような面倒な部下には、あまり無理なことは言わなくなるということがあるのではないでしょうか。

黙って自分の要求を受け入れるタイプかどうか、相手を選んでいるのです。立場の上の人に言い返すというのはやはり怖いのですが、上手な言い方をぜひ学んでほしいと思います。これは周囲の人を見て上手な人を真似るしかありません。

はっきり「怒鳴らないでもらいたい」と言い切るか、反論しづらい相手なら、眼力を使って黙ってじっと冷静に目を見つめるのもよいでしょう。

相手に「おっ、こいつはちょっと支配するのは難しそうだ」と思わせることができればよいのです。相手の攻撃を避けるためにも、「ここから入らないでください」という線引きをきちんと見せるスキルをぜひ培ってほしいと思います。

これは、平等な社会でいい子に育った人ほど、これからの世界では必要なスキルだと思います。「自分の誠意を差し出せば相手は黙ってくれる」と思ったら、それが逆効果のときもあります。何か言えば、なんでも差し出してくれる人だと思われるだけです。

努力したら報われるという理想的な社会は、学校教育が頑張って実現してきたことの一つのよい例かもしれません。けれども、そうはいかないこともあるということを知っておくべきです。努力したらわかってくれるようなよい人もたくさんいるけれど、他人の努力などなんとも感じない毒々しい人もたくさんいます。そこに対処するためには、相応の覚悟がいることを、学校でも教えていくことが大事だと思います。

パワハラ上司や監督は、最終的に組織の力を使ってくるので、それに対抗するにはこちらも対抗できるような組織の力を借りるしかありません。

ですから、深みにはまる前、こじれる前の初動が肝心になります。最初の理不尽に〝怒り〟を覚えたら、正しく〝キレて〟、はっきりと言い返し、それでも相手が改まらないようであれば、そんな組織、集団には身を置かないほうが賢明です。

ケース2　侮辱的な言葉で相手を貶めようとする、会社の同僚や上司

初動で相手の行為の卑劣さに気づかせるのが重要

こうした同僚や上司への対処法も初動がとても大事です。

黙っていると、標的になり、何を言ってもいいやつだと思われてしまいます。そうなると、侮辱的行為がひどくなることはあっても改善することはありません。さらに他の同僚たちからも、なんとなく下に見られているような気がしてきてしまう場合もあるでしょう。すると攻撃的な言葉にはもちろん、周りから軽んじられることに対してもひどく傷ついてしまうことになります。

やはりこうしたケースも、言い返しがうまい人と、そうではない人で結果が分かれます。これは生まれつきセンスのある人もいますが、練習次第で誰でも上達します。

最初は上手な言い返し方ができなくても、「そういうことを言っているあなたは、上司としておかしいですよね」という顔はできるのではないでしょうか。

嘲笑するような表情で恥をかかせるような嫌みを言われたら、「は？」と余裕のある態度を見せながら、「おっしゃりたいことはそれだけですか？　そろそろいいでしょうか？」などと言って、相手の行為に不快感を表し、そんな卑劣な行為には屈しない姿勢を示しつつ、さっと切り上げてしまうようなことができるようになるとよいと思います。

恐怖や不安を克服する〝系統的脱感作法〟

上司が恐ろしくて、とてもそんな真似はできないよ、と言う人もいるでしょう。標的にされてしまい、上司のいじめが長期に及んだ結果、上司の顔を見ただけで緊張してしまう。リベンジが怖くて言い返すなんて想像もできないといった深刻なケースの場合の対処法を考えてみましょう。

臨床心理で効果的とされる方法が〝系統的脱感作法〟です。

〝系統的脱感作法〟とは、不安や恐怖に対する行動療法の一種です。不安を引き起こす刺激に順位をつけて数値化し、弱い刺激から強い刺激へと段階的に繰り返し経験することで、恐怖や不安を克服する方法です。

ここでは、上司の顔を見るだけで緊張して汗が出てきてしまい、次第に会社に行くことも辛くなってしまったという人に対して、〝系統的脱感作法〟を行ったケースを紹介します。

まず「ちょっとだけ会社に行ってみましょうか」と会社の前まで行き、中には入らずに会社の前を歩いてみるということにトライさせます。

その後、徐々に会社に入っていくなどの数段階の経験を経て、その上司と廊下ですれ違うというところまでできたら、廊下ですれ違うときに「スーツにホコリがついていますよ」などと言って、上司の肩のホコリを払うということをさせるのです。

もちろん、すれ違うだけでも恐怖を感じてしまう状態なので、あらかじめ肩のホコリを払うというロールプレイをして練習をさせた後でトライさせるのです。

「肩についているホコリを払う」というのは、相手に対して失礼なことでも、ダメージを与えることでもなく、まして自分を貶めた相手に復讐することでもありません。

しかしながらこうした行動は、「相手に対して自分は対等な関係だ」ということを自分自身に刷り込んでいくという効果があるのです。つまり、自分が相手に対して、何か効力を持つことができるということを経験させる作業なのです。

その後恐怖を感じてできなかったことができるようになるイメージを持ち、トレーニングをして、実際に実行したことで、恐怖に打ち勝ち会社に戻れるようになったそうです。

相手に対して自分はやられっぱなしであるという気持ちが長い間積み重なってしまうことで、恐怖を感じるようになる場合があるでしょう。そんなときには、肩のホコリを払うことが難しくても、「今日のネクタイは素敵ですね。でも少し曲がっていますよ」と声をかけるなど、ちょっとした何かを見つけて、自分が相手に対して効力を持つことができることを、徐々に言葉にできるように試みるとよいのではないでしょうか。

鬼編集長との仲を改善した編集者の話

ある男性の編集者の例です。

新人のころ、週刊誌に配属されたのですが、上司がものすごく厳しかったそうです。それこそ書いた原稿をボロボロにけなし、目の前でビリビリ破る鬼軍曹のような人でした。頭にくるけれど、上司の言っていることは正論ばかり。何も言い返すことができませんでした。

最初は黙って聞いていたそうなのですが、しばらくすると、なんとなく相手の怒るツボのようなところがわかってきました。さらに「この人は、自分のように黙って聞いているだけではだめなのかもしれない」と思ったそうです。そして、いつものように正論で怒鳴られたときに一度だけ、自分も正論で言い返したそうです。

当然もっと怒られるのではないかという恐怖心はあったものの、そのことに関しては自信があったので、思い切って言い返したところ、いつもは鬼のように恐ろしい上司が、「おお、そうか」と言って笑ってくれたそうです。しかも、その瞬間からその上司との関係がものすごくよくなり、その後お互いに他の部署に異動してもずっとよい関係を続けることができたということです。

このケースは上司に悪意がなかったので、その後よい関係を築くことができたと思いますが、もし上司が本当に自分に恥をかかせたいと思っているなど、悪意のある人の場合は、切り返した後、距離をおき、できるだけ関わらないほうがよいでしょう。

一番よくないのは、理由もなく「無能だ。迷惑だ」とののしられたときに、「無能なのか……」「迷惑をかけて申し訳ない」と無意味に自分を責めることです。例えば客観的に見て自分に非がないと思ったら、「今日、ちょっといじりがきつくないですか。何かあったんですか」「おうちで何かありました？」など、茶目っ気がありつつ、余裕を見せるような言い返し方をするのもよいのではないかと思います。

ケース3 言葉も行動も荒っぽくなってきた「反抗期の男子」

思春期の男子は、闘いたくて仕方がない

小さいころは優しくてママに甘えてばかりだった息子が反抗期に入り、突然攻撃的な態度をとり、びっくりするようなキツイ言葉で反論してくるようになると、お母さんもちょ

っと不安になりますよね。

男子は特に戦闘ゲームが好きで、「死ねー！」などと言いながら友達とチームになって闘っていると、親御さんによっては、ゲームがそうした行動を誘発しているのではないかと考える方もいるでしょう。

しかし考え方次第では、ゲームで闘争気分を発散し、現実の喧嘩になっていないのであれば、まだマシだと考えることもできるのではないでしょうか。

戦闘ゲームに関しては、保護者という立場で監督する側の裁量が求められると考えがちですが、いくら大人が制限しようとしても、子どもは結局隠れてやろうとするので、完全に遮断することは難しいかもしれません。無理に止めても、反発して家族に対して攻撃的になるかもしれません。

第二章で解説したように、思春期の男子がイライラする、人や物に当たろうとする、これは攻撃性の強いテストステロンが急激に増えている時期だからかもしれません。10代前半の男子の脳と身体は、闘いたくて仕方がない状態になっているのです。

むしろ現代のシステムがヒトの成長に合っていないとも言えるでしょう。

昔なら、10代を過ぎると元服して初陣に臨んでいた時代もあったわけです。実際の戦闘行為に従事させられる年齢でした。

もちろんもっと時代を遡れば、もう少しで生殖も可能になる年齢になり、自分の力で獲物をとりに行ったり、家族を敵から守ったりすることができる年齢です。脳内ホルモンの影響で、自立を促されるということと戦闘に適した脳と身体になるという二つは、ヒトの成長、とりわけ男性の成長にとっては自然なことで、とても大事なことです。

ただ今の世の中では、多くの家庭で自分の子どもは、静かで穏やかで優しい子に育ってほしいと理想を描きます。そうした価値観が主流になってくると、男子の成長段階で必要とされている性質と理想像がマッチしないことになり、男子にとっては息苦しい世界になってしまうかもしれません。

子どもの自立を信じ、背中で語る

「あんなにかわいかったあの子が、どうしてこんなに攻撃的になってしまったのかしら」「この子は罪を犯してしまうんじゃないかしら」と心配になるあまり、その原因を自分の育児方法や家庭環境が悪かったのではと、自分を責めてしまう人もいるのではないでしょうか。そんなお母さんやお父さんには、「家族のせいである」と思わないでいただきたいと思います。

この時期は男の子なら誰でもイライラしやすい時期で、孤独を好むようになるのです。いずれ落ち着いてくる時期がやってきます。今はそっとしておいてあげましょう。

少なくとも「自立したい」と思っている時期でありながら、経済的に完全に自立できるわけでもなく、生活力の面でもまだまだ力不足であるという、気持ちと現実の乖離に自分が適合できない不安定な時期でもあるのです。

自分の中に育ってくる攻撃性や自立したいという気持ちを、上手にコントロールできずに困っているからこそ、さらにイライラしてしまうのです。特に男子に対して、叱ったり説教したりするのは逆効果です。なぜなら言葉で伝えようとしても、その言葉を受け入れることをよしとしない気持ちが育っている時期だからです。

この時期の男の子には、イライラする気持ちをどうやってコントロールするのかということを言葉ではなく、背中で見せるというのが最も効果的な方法なのだと思います。あれこれ手を貸そうとしたり、細かいことに口を出したりしないで、男の子の攻撃したい気持ちが間違った方向にいかないよう、目は離さず、しっかり見守ることが重要です。子どもを信じて見守り、自立を促すことが子どもの健全な成長につながるはずです。

ケース4 イライラして、何を言っても反発する「思春期の女子」

娘と同じ目標を設定し、共闘する

思春期の女の子は、女性ホルモンである〝エストロゲン〟の分泌が活発になり、異質なものに対する拒否反応を示すようになり、好き嫌いがはっきりしてくることのある時期です。こちらがよかれと思うことでも少しでも意に沿わないと否定し、「イヤ」「無理」「サイアク」などと言って拒否することも多くなります。その言い方も家族に対してであればなおさらキツくなり、イライラした感情を直接ぶつけてくるため、保護者の方はかなり悩まれると思います。

思春期の女の子の場合は、保護者と一日時間を決めて一緒にゲームをすると、問題行動が軽減されるという報告があります。

娘と一緒に親子でゲームをするなどということはあまりやらないご家庭も多いと思いま

すが、1時間なら1時間と時間を決め、一緒にゲームをしてみるのもよいかもしれません。これは、一緒にゲームをすることで、母を自分と違う存在として排除するのではなく、共に敵を倒す仲間になるという構造をつくるためのツールとしてゲームが機能するからです。

共通の敵がいる、共通の目標があるということは、仲間をつくるのに最強の構造です。お互いを攻撃し合うことなく、共通の目的を持って共闘することで、共同体の結束をより高めることになります。ゲームでなくても、共通の目標を設定して一緒に頑張るという方法は、男女問わず、思春期の子どもたちとの関係においては有効だと思います。

ゲームでなくても、一緒に料理やファッションなどのコンテストに参加するのもよいかもしれません。活躍している若手スポーツ選手などを見ても、強いチームに所属していたというよりも、小さいときからお父さんやお母さんがコーチをしていたという人が多いようです。親子で共通の目的意識を持ち、共闘してきたのでしょう。

かわいそうだなと思うのが、母娘の共闘の相手がお父さんになっているご家庭です。お父さんが、娘とお母さんの敵であるかのようにいじられたり、文句を言われたりするような場合です。お父さんには少しかわいそうな気もしますが、母娘の仲がこじれるよりよいという忍耐の必要な時期かもしれません。また、娘の反発行為も思春期の一時的なものだと考えて、大目に見ていただくのがよいかと思います。

ケース5 執拗なまでの「あおり運転」「ロードレイジ」

高級車ほどテストステロンが出やすい

あおり運転は死亡事故につながるなど深刻な例もあり、非常に問題になっていると感じます。

加害者の衝動的な行動や、しつこいほど継続的なあおり運転行為などを見ていると、ノルアドレナリンのほか、ドーパミンやテストステロンなど、さまざまな物質が関わっていると考えられます。

実は高級車に乗ったときほど、テストステロン値が上がることが観測されています。

実験ではフェラーリとカローラを比べています。カローラではそれほどテストステロン値が高くなりませんでしたが、フェラーリではテストステロン値が高くなりました。そして、街乗り用の小さな車をガンガンあおりまくったのです。これは高級車だけでなく、トラックなど大きい車に乗ったときにも同様にテストステロンが増えることが考えられます。

原因として挙げられるのが、高級車は自分のほうが優位だと思いやすい車だからです。より〝俺のほうが強い〟という意識から、テストステロンが増えていくのです。

しかし、街中で高級車が軽自動車をあおっている姿を想像してみてください。とても品があるとは思えない行動ですし、高級車にふさわしい行為ではありませんよね。むしろ恥ずべき行為です。

最近はドライブレコーダーが普及しているので、あおり運転には映像を証拠として見せてみるのが最も有効な手段。恥ずかしさを感じることがブレーキになるからです。相手に「今は記録されてしまう時代です」ということを周知させるべきです。

ドーパミンが出ているときは話しても無駄

あおられるだけでなく、相手が車から降りてきて、車をバンバン叩いて「車から降りろ」などと怒りをあらわにするような状態は、ドーパミンが放出されている状態なので、何を言っても聞く耳を持ちません。

理性の利かない〝キレている猿〟の状態です。こういう状態の人からは逃げるのが一番大事です。一刻も早く警察を呼んで解決はプロに任せましょう。

「話せばなんとかなるのではないか」などとは考えてはいけません。確かに普段は話をすればわかるようないい人なのかもしれませんが、怒っている瞬間は〝本当にいい人〟ではありません。その人から永久に逃げるか、いったん逃げるのかはさておき、怒っている状態のときは話し合いを回避したほうがよいのです。

また運転中に人格が変わったように、普段いい人でも口が悪くなるというのは、相手に顔が見えないことも原因だと考えられます。

匿名性があることで、仕返しされないという安心感もあるのでしょう。しかしドライブレコーダーが普及したことで、匿名性が薄まりつつあることも自覚する必要があります。お互いに運転中はそういうテンションになっているということに気をつけて言葉にも気をつけたいものです。

将来的には、自動運転だけでなく、気持ちを落ち着かせるような装置も開発されるとよいですね。個人的には、テストステロン値を自動で計測し、もし上がってきていると思ったら、テストステロンを下げるような物質を、シューッとミストで放出してくれるような車が開発されるといいなと思います。

ケース6　家族だけに暴力的な人、児童虐待をしてしまう人

仲間意識が怒りを助長する。「オキシトシン」

ＤＶや虐待など、身の周りの家族にだけ暴力的な夫。同様に家族にだけ攻撃的な妻もい

ます。

外面だけはよくて、家の外の社会では意外に空気を読めるいい人だったりします。外の人に対してはキレる気持ちは起きません。むしろ寛容で許せてしまうのですが、家族に対しては許せないという気持ちが働いてしまうのです。例えば、外でだらしない女の人を見ても、「女の子はちょっとくらい抜けているほうがかわいい」と言っている人が、家に帰ると、排水溝に髪の毛が一本落ちているだけで激怒してしまうことがあります。


これは、「家族だから気安く言ってしまう」という以上の原因として〝オキシトシン〟の影響が考えられるでしょう。仲間や身内に対してはルールを厳格に適用する。その判断の基準は自分なのです。

自分が決めたルールに従っていないということだけで、非常に激しい攻撃を加えるということが起きます。これは男女、どちらでも起こりうる感情です。仲間でも家族でも、一心同体と思っている気持ちが強い人ほど起きやすいでしょう。

周囲の人から見ると、妻子を愛し一生懸命に子育てをして、理想の夫であり父親のように振る舞っている人に多いのです。

身近な人には攻撃してもよいという甘えた気持ちから攻撃してしまう場合もあるかもしれませんが、家族にはキレる気持ちを止められない、もしくは盛り上がってしまうのであれば、やはり〝オキシトシン〟の影響が考えられます。

〝オキシトシン〟により家族への愛着が強いがために、自分のルールで生きているべき家族がそうではないと思うと、それを許すことができません。

例えば、夫が妻に対して「僕に1時間ごとに君の様子を伝えるように言ったよね」とキレるケースです。もちろんこの逆もあります。

第二章でも述べましたが、夫婦間でよくあるのが、「どうして何回言っても同じことをやるの?」といった口論から始まるトラブル。些細なことに見えるのですが、夫婦間の小さなルールが繰り返し守られないことに対して怒りが爆発してしまうケースです。

「愛情があれば暴力は振るわない」という考えの矛盾点

夫婦の間で、この現象で悩んでいる人はたくさんいると思います。この問題の解決が難しいところは、暴力的な夫自身、妻自身は、自分のことをものすごく愛情深いと思っているからです。

「こんなに大事にしているのに、なぜ言うことを聞かないのだ、なぜ理解してくれないのだ」という善意から始まっているからです。自分ではよかれと思って言ったことを守らないので、暴力という手段をもってしか解決できないと信じているのです。

これには要因がいくつもあり複雑なのですが、正しいと思っていることをその通りに実行することに、そもそも喜びがあるのと、自分のルールに従わない人を攻撃したい欲求があるのと、愛情が強ければ強いほどその欲求が高くなってしまうことが絡み合っているのです。

しかし一般的に、家族を本当に大事に思っているならば、暴力など振るうわけがない。愛があるのに、暴力を振るうのは矛盾すると考える人も多いのが事実です。

だから暴力を振るう人はおかしい人で、愛情が足りないと思われるから、理解されず、なかなか解決されないのです。

「愛情がある人に対して攻撃はしないだろう」という、無意識の前提が社会通念としてあるのです。これはまったく科学的ではなく、論理的ではありません。そもそも愛情と暴力はまったく別次元の話です。

虐待はしつけであるという保護者の心理

子どもを虐待する保護者のほとんどが、「しつけのためにやった」と言います。

これは本心なのかもしれません。その場で誰かが止めようとしても、恐らく「自分がしつけとしてやっているのに、なぜ口出しするんだ」と言うでしょう。

しかし他の子どもが同じようなことをしても、「子どもはこんなもんだ」「そんなときもあるさ」「あの子の年齢なら仕方ない」と軽く流せるのに、自分の子どものことになると、少しでも自分のルール通りにならないと、どうしても許せないという気持ちが働いて虐待してでも直そうとするのです。

これは〝オキシトシン〟による負の影響で、自分のルールに従わない、自分の思い通りにやらないのが許せなくなるからです。その瞬間カッとなってしまい、感情を抑えることができません。

身近な存在であるがゆえに本来、人と人との愛着を形成するホルモンであるオキシトシンが、そうした理性を軽々と超えてオーバーサンクション（過剰な制裁）を発動してしまいます。

「自分の子どもなのになぜ叩くのか」という問いに対しては、「自分の子どもだから叩くのだ」という回答が最も近いはずです。

他人の子であれば、どうでもよいし、叩くような労力を発動することもありません。どうでもよくない相手だから叩くのです。

不倫も、別に他人のしたことであれば、不倫しようが何をしようが「男だったらしょうがないよ」と思い、女性が不倫していたら「寂しかったんだね」と思うことはあるけれど、自分のパートナーだから「許せない！」という強い気持ちになるのと同じです。

その「許せない！」という気持ちの原因が、愛情ホルモンのオキシトシンなのです。

家族に暴力を振るう人は、「愛情があれば暴力は振るわないだろう」ということを理性では知っていても、体感、実体験としては知らなかったのではないかと思います。自分自身も両親から、暴力を受けながらしつけられた経験がある人もいるでしょう。つまり、しつけられることと暴力的なやり方が、愛情の発露だと学習してきているのだと思います。

そうした場合は、それは間違っているのだということを学び直すことは簡単ではありません。虐待をする側が、虐待という形ではない愛情を受ける機会を必要としているのです。

しかし暴力を振るう人が、「暴力を使わないのが愛情なのだ」と学習する機会は少ないのです。妻なり家族なり、身近にいる人がそれを教えてあげられればよいのですが、近くにいる人は暴力を受ける対象になってしまいます。

暴力以外の愛情の示し方やしつけの方法があることを理解させるには、そのスキルのある〝他人〟、プロでないと難しいでしょう。

家族は「私が教えてあげれば」「私がいればこの人は変わるはずだ」などとは思わないでください。標的にされる可能性が非常に高いからです。

根の深い問題だからこそ、専門家に任せるべきです。

これは日本だけではなく、家族の暴力で死んでしまう人は毎年後を絶ちません。「私がいればなんとかなる」ではなく、自分や自分の子どもを守ることを優先していただきたいと思います。

暴力を受ける側に、依存的性格がある場合もある

ＤＶの場合で、何度も同じように暴力を振るう相手を選んでしまう人がいます。その場合、自分自身にも相手に依存する性質があることを疑ったほうがよいかもしれません。

相手が自分に対して過剰にコミットしてくることを愛情だと思ってしまうタイプです。コミットされないと寂しいと思ってしまったり、一人でいることに耐えられなかったりするタイプの人です。そういう人は、オキシトシンによる支配的、暴力的なコミットを愛情と勘違いしてしまい、何度もＤＶ的な人を選んでしまうことになります。

その場合はまず、自分の依存的性格を認識して、暴力を振るう相手から逃げると同時に、「一人でいることに慣れる」「一人も楽しい」と感じる時間をつくれるようになることが自分や家族を守る解決策になります。

ケース7　仕事で部下が間違いを指摘するとキレる会社の上司

そっと直して、本人に気づかせる

自分に対する批判や指摘に対しては、たとえ正当なものでも許せないタイプの人がいます。著名人のツイッターを見ていると、自分を称賛するコメントは素直に受け止めるのに、批判的なコメントはもちろん、批判ではない、ちょっとした指摘に対しても、「ボケ」「死ね」といった過激な言葉で反応する人がいます。

上司のタイプで言えば、「私のせいじゃない！　お前が悪いんだ」「なんで先に言わなかったのか。お前のせいだ」と逆ギレするタイプです。

常識的な人であれば、「指摘してくれてありがとう」となるはずですが、プライドが高い人は、そもそもリスペクトされている状態がデフォルトで、そうでない場合は「お前は敵だ」という反応をしてしまうのです。

自分に対して１００％従ってくれる人は味方、それ以外は全部敵だと思ってしまうのです。99％従う人はもはや０％の人と同じように敵と見なし、攻撃対象になる人です。

上司であっても、明らかに謝罪したほうがよい場合や感謝すべきようなことでも逆ギレするような場合は、何か逸脱したものを感じます。

このように、自分がリスペクトされてないと怒りだすような上司は、できるだけ近くに寄らないようにしたいものですが、もしどうしても関わらなければならない場合は、相手の間違いを直接指摘しないほうがよいでしょう。

もしこういうタイプの人の仕事上の間違いに気がついた場合は、直接間違いは指摘せず、こっそり直してあげて、本人に気づかせるのが得策です。

他人の指摘を嫌う人は、プライドが高い代わりに、知性や能力が高い人が多いのです。そこであえて「あなたの間違いを指摘する前に、それを直すのが私の仕事です」という姿勢で対処するのです。

能力の高い人がやるべきことをやっていて、ちょっとしたミスをしたのであれば、そっと修正したほうがお互いに効率的に仕事を進められるはずです。

オキシトシンを出させる工夫をする

攻撃的な人はテストステロンが多いので、オキシトシンを出させるような工夫をするのもよいかもしれません。

「（上司の）評価が上がることは、私の評価が上がることです」と、相手を立てる姿勢を見せることで、敵ではなく身内なのだと思わせることで、オキシトシンを出させるのです。オキシトシンはテストステロンを抑える効果があります。

しかし、見極めも重要です。能力がある上司であれば、相手を立て続ければよいのですが、能力の水準が低い場合にはあまりついていくメリットがありません。

フォローしすぎて、なんでも言うことを聞いてくれると思われ、倫理的に間違っているようなことを要求されたり、すべてのミスを自分のせいにされるようなことにもなりかねません。そのようなときは、その環境からそっと去るしかありません。

人並み以上にできる上司であれば、「そっと直しておく」。反社会的、反倫理行為ではない限り、「（上司が）お決めになったことならば、どんなことでもお決めになった通りです。

選択は正しいです」という態度をとる。ただしできるだけ距離をとり、関わらないようにするのがよいでしょう。

ケース8　被害者意識が強く、すぐに難癖をつける「クレーマー」

「ないがしろにされている」という被害者感情

患者に対し精いっぱい、最善の治療を行っているつもりでも、「なぜ先生はそんな治療しかしてくれないのか」とクレームを言う患者や、「なぜうちの夫を後回しにするのですか？」と言いがかりをつけてくる家族。説得しようとしてもなかなか納得してもらえません。

こうした悩みは、病院関係者や、モンスターペアレントに悩まれる学校の先生方、司法関係者にも多いのではないでしょうか。

患者さんや保護者が、医師や先生に対して不信感を持つときはどんなときかというと、「自分や自分の家族がないがしろにされているのではないか」という被害者感情が背景としてあることが多いのではないでしょうか？

特に女性は男性に比べてセロトニンが少なく、不安を感じやすく、さらに女性ホルモンであるエストロゲンは、共感を求める性質があります。

女性は家庭生活の中でも、私のことをバカにしている、ないがしろにされている、と感じたときに怒りが爆発します。

つまり、「自分の夫は他の患者よりも損をしているのではないか。私が怒ることでそれが解消されるのではないか」という間違った認知があると考えられます。この場合は、「あなたの旦那さんは、現在はこういう状況ですよ」ということを、できるだけ具体的に詳しく説明することが一つの解決策です。

「先生（担当医）は、他の患者さんばかり見て、私の夫のことを見てくれていない」といったクレームに対しては、治療のプランを見せながら、「今はこういう段階で、これ以上のことをしてもご主人を疲弊させるだけです」と具体的事実を示しながら説明すると理解されやすいのです。

学校でも、「Aさんは、他の子に比べて○○が優れています。△△については今のところ様子を見ているところです。と言うのも、これ以上のことをすると、本人にプレッシャーを与えるだけでよい影響は見込めないからです。今はよく観察し、様子を見ながら、本人の気持ちも確かめているところです」と、先生にしかわからない子どものよさを伝え、その子に対する教育プランを見せられると親に安心してもらえると思います。

大切なのは、怒っている相手に安心感を与えるためのポイントを押さえるということです。相手のすべての要求に応えるために時間を費やす必要はありません。

相手が不安に思うポイントを押さえて、それぞれの患者に合わせて、その不安に応える勘所に合わせた情報を伝えてあげます。相手の要望が、自分の能力を超えている場合には、正直にそのことを伝えることも大事です。

すべてを自分の力で解決しようとしない

不満や不安をぶつけてくる相手があまり悪質でない場合は「そういう不安は当たりませ

んよ」ということを伝えるというのはよいのですが、悪質な人の場合は気をつけなくてはなりません。悪意がある人のクレームを受けてしまった場合は、それ自体が事故のようなものです。障害者一級を詐欺的に搾取していたり、怪我のふりをしたりとか「どこそこ社のこういう機械を使ったからこうなったんだ」という具合に賠償を求めてくる人もいます。

その場合は自分だけで解決しようとせず、警察という権威を利用することも検討しましょう。

さらに、精神的な問題を抱えていて不安が取り除けない人は、さりげなく精神科を受診してもらうというのも一つの方法。〝リファレンスをとる〟、つまりその人の精神状態を確認するというやり方です。

いずれにしても、すべてを自分の力で解決しようとしないことが重要です。家庭と病院、他の専門機関との役割を分ける。学校なら、管理職と担任の役割も分け、管理職に対応してもらうべきことは対応してもらいましょう。一人の人間が同じ時間内でできることは限られています。

24時間はどんなに努力しても増やすことはできません。自分が関われる仕事を増やす方法は一つ、「分担すること」です。

適切に役割を分担するほうがお互いのメリットも大きいと考えましょう。

妄想性パーソナリティ障害

常に最悪なことしか想像できずヒステリーを起こして、何を言っても不安を止めることができない人は、やや病的な人格が予想されます。クラスターA、もしくはパラノイアに分類されるタイプの人です。

パラノイアは、すべての人が自分を攻撃する敵に見えるというパーソナリティ障害の一つで、妄想性パーソナリティ障害とも言われます。

本当は善意で「ああしてみたら?」「こうしたらよいのでは?」という提案に対しても、自分を貶めるために言っているのではないか、と感じて反応するのです。

例えば、「もう少しこうしたら?」と言われたら、「私がバカということですか?」などと言うような、常に他人が自分を批判していると認知してしまうタイプの人格です。

不安感が強い人とパーソナリティ障害の関係について、脳科学的根拠を必ずしも一致させることはできないのですが、こういうタイプの人はやはり一定数いることが予想され、そういう人には論理的に話してもなかなか理解を得られません。そういう性質を持っている人であるとこちら側が理解する必要があります。世の中には、思いも寄らないことで「攻撃されている」と思い込んで、不意にこちらに攻撃を仕掛けてくるタイプの人がいるということを知っておく必要もあります。

これは、専門家に入ってもらうか、経験豊富な上司や先輩に対応法を一緒に考えてもらうことをお勧めします。

ケース9　他人の子どもの才能を妬み、嫌がらせするママ友

〝獲得可能性〟と〝類似性〟を下げる

ママ友の中に攻撃的な人がいるととてもやっかいです。例えば、そのママ友の娘と同じバレエ教室に通わせている娘が、発表会でよい役をもらったことをきっかけに、何かにつ

けて陰口を言って困らせるようなケースです。
〝妬み〟からくる怒りはとても強いものです。まず、なぜ妬みの感情が生まれるのか、脳科学の視点で考えてみましょう。

心理学的には、互いの関係において〝類似性〟と〝獲得可能性〟が高くなるときに、妬み感情が強まると言われています。

〝類似性〟とは、性別や職種や趣味嗜好などが、どれくらい似通っているかを示す指標です。つまり自分と同じくらいの立場の人が、自分よりも優れたものを手に入れていると、より悔しいという感情が生まれやすいと言えます。

今回のケースは、娘さん同士が同性で、年齢も近い、さらに同じバレエ教室に通っているなど、多くの類似性があるため、妬みの感情が生まれやすいと言えるでしょう。

〝獲得可能性〟とは、相手が持っているものに対して、自分もそれらが得られるのではないかという可能性のことです。

例えば自分と同等、もしくは僅差だと思われる人が、自分が手に入れられないものを手に入れ、また自分が届かなかったレベルに相手が届いてしまったときに羨ましがり、妬みが生まれやすいのです。

つまりママ友は、「うちの娘と実力がそれほど変わらないあの子が、なぜよい役に選ばれたのか納得がいかない」と思っている可能性が高いでしょう。相手の娘さんも手を伸ばせば届くはずのところにいたのに、先に届いた友達が憎いのです。

対処法としては、〝獲得可能性〟と〝類似性〟を遠ざけるということが有効です。

しかしながら、性別や年齢などは変えることができませんから〝類似性〟を下げることは難しいと言えます。この相談の場合は、〝獲得可能性〟を下げることが考えられます。

では、どうすれば、〝獲得可能性〟を遠ざけることができるのか、その対応策を考えてみましょう。

〝獲得可能性〟を下げるための方法は、相手の保護者に「あそこまではできない」「あの娘にはかなわない」と思わせることが最も効果的です。

妬んでいたあちらの娘も母も圧倒的に努力していることを理解させ、あのレベルには届かないと思わせるのです。そうすれば、〝妬み〟の感情を〝憧れ〟に変えることもできます。バレエ教室が終わった後も、必死に自宅で練習をしている。両親を含め家族全員で動画サイトを見て研究したり、食事もアスリートによい食材を考えて工夫したりしているなど、やや大げさなくらいに努力していることをやんわり伝えるのです。

ケース10 普段はおとなしいのに、突然攻撃的になる人

認知の変換を工夫して回避

気に入らないことがあっても、本音を言ったら相手が不快に思うのではないかと気にして、自分の意見を言えずに我慢をし、我慢の限界がくると爆発して暴れるタイプの人。楽天的な人であれば、我慢しているうちに忘れてしまうのですが、忘れられず、気にしたままうつうつとしてしまい、結果怒りが強くなってしまうのです。

これは、前述した京都大学の高橋先生の研究で明らかになったように、セロトニントラ

ンスポーターが中脳の一部で少ないという人の特徴で、この人たちは理不尽な扱いや自分が不当な条件で何かされていると認知すると、自分がコストをかけてでも、相手に攻撃を仕掛けようとします。

自分が損をするとわかっていても、相手に殴りかかっていってしまいます。殴りかかるまではしないまでも、暴言を吐いたりします。

この人たちは普通にキレるのではなく、自分の何かを犠牲にしてでも、相手を痛い目にあわせたいと思っているので、攻撃が相当激しくなります。いわゆる〝倍返し〟が起こる可能性があります。怒らせると怖いタイプの人です。

突然爆発する人は、心の中でメラメラ怒りを燃やしています。おとなしいように見えますが、本当はおとなしいパーソナリティではありません。

「相手が痛い目にあうのを見たい」という気持ちになりやすい脳です。

突然爆発すると、自分が相手にどう思われるかは、常識的にはわかりそうなものです。それを度外視してでも相手に攻撃したいとなるわけです。

このような理不尽を感じやすい脳の人に対しては、どうすればよいのでしょうか。「決してそれは理不尽ではありません」というポーズを見せなくてはいけません。「みんな楽々やっているように見えるかもしれないけど、実はこういうコストをみんな払っているんですよ」ということを普段から知ってもらうのがよいでしょう。

その人が、何をどうして理不尽に思っているのかを、判断するのは難しいところですが、その理不尽に見えることが、実はその人にとって得になっているのだよと教えて、ちょっとした認知の変換を工夫することで回避できる確率が上がると思います。

実際に「これだけやっていたんですよ」ということを見せることもできますし、「その結果、あなたにもこんなによいことがありますよ」ということを理解させるのです。「俺は実はいいように使われていたのか」という不満に対しては、「そんなことは全然ありません。そんなふうに思わせていたら、申し訳ございません」「まったくの誤解です」と心を込めて説明し、納得してもらうしかありません。「あなた一人だけが理不尽な思いをしているわけではないのです」ということを真摯に伝えるのです。

どのケースにも言えることですが、キレやすい人がいる場合は、どういうときにキレるのかをよく観察するようにしましょう。

キレるポイントやパターンがあるはずです。特に男性に多いのがヒエラルキーや縄張りを気にする人の場合は、自分のポジションや立場を侵されると感じた場合にキレやすいので、プライドを傷つけない言動をとるように気をつけることで攻撃を回避しやすくなるでしょう。

今回のように、突然キレる人は不安を抱えやすい人なんだということを把握できれば、それに応じた適切な対処ができるはずです。

ケース11 疑い深く、キレやすい「暴走老人」

年配者が怒りっぽくなる理由

年配者が、〝怒りっぽくなる、頑固、話を聞かない、疑い深い〟というのは脳の老化が原因かもしれません。

まず、年配者はなぜ〝怒りっぽい〟のでしょうか？

第二章で、70歳を過ぎると脳の老化が始まり、前頭葉が萎縮する人が多くなると解説しました。前頭葉の萎縮により、脳の怒りを抑制する機能がだんだん衰えてきます。ブレーキが利かなくなるわけです。

そうでなくても年配者は、自分が経験を重ねてきてオーソリティだという自意識、認知があるでしょう。とかく若者の未熟さが目について、「けしからん」と思いやすいのです。

さらにジェネレーションギャップにより、若者を理解しにくくなるし、そうなれば若者に自分の言葉が伝わらないと感じるようになり、年配者の〝レイジ〟は蓄積されていくことになりがちです。その結果、怒りっぽくなってしまいます。

疑い深くなる理由

老化が始まると、〝疑い深くなる〟のはなぜでしょうか。

これは脳の老化によって、相手を信頼できなくなるのです。

相手を信頼するということは、脳が〝計算〟して決めています。信用するための解を得る〝計算〟は、単純なようでいて意外と難しいのです。

信用は、前提とする条件、相手の情報を脳にインプットして、それにリスクを考慮してその結果、〝信用に足るという解〟を得るわけです。つまり信用するには〝リスクの計算〟が必要になります。けれども、そのリスクの計算が複雑です。

脳の老化によってその計算能力が下がると、猜疑心を高く持っていたほうが安全です。つまりは、〝疑い深くなった〟というようになります。


もう一つ、年配者が〝疑い深くなる〟理由として考えられるのは、記憶の問題です。

脳の老化では前頭葉の萎縮から始まり、側頭葉、海馬も萎縮します。海馬は記憶を司る部位ですから、記憶力も低下するのです。

そして脳にはよいことは忘れてしまうのに、悪いことや嫌な経験の記憶は最後まで残ってしまいます。

これはヒトの性質として仕方のないことです。よいことは別に覚えていなくても危険ではないからです。悪いことは覚えておく必要があります。なぜならば「ここに行くと悪いことがあった」とか「この人とやりとりしたら、自分が不利益を被った」ということを覚えておかないと、また次にも同じ痛い目にあうかもしれません。ネガティブな記憶は残って、強く思い出させるように脳はできているのです。

そもそも動物がそうです。痛い経験や危険な経験は本能として記憶され、そこには身を守るために近づかなくなります。人間も動物なので、どうしても嫌な思い出のほうを強く覚えているのです。

年をとると頑固になるのは前述したように、前頭葉の機能が低下したことで、同調圧力を感じられなくなることによります。

同調圧力を感じないとは、もっと話を聞いたほうがいいという理性が働かず、話が聞けなくなることです。

また、老化によって、セロトニンが低下していくことも原因だと考えられます。老化によって、安心ホルモンであるセロトニンの分泌ができなくなってくるのです。それが原因で、老人性うつになったりする人もいます。つまり自分の中にこもってしまいがちになるのです。

また、セロトニンが分泌できなくなっていくと何が起きるかというと、アドレナリンがより多く出ることになるので、これは年配者の〝怒りっぽい〟にもつながります。

年をとっても、脳は鍛えられる

怒りっぽくなった年配者への対処法は、まず脳が老化すると、〝怒りっぽくなる、頑固になる、話を聞かなくなる、疑い深くなる〟ことが増えてしまうのは仕方がないと、家族など周囲の人が理解しているのがよいと思います。

しかしながら、老化による前頭葉の萎縮が起きてしまうことは事実ですが、その萎縮の度合いは個人差があります。90歳近くでもまったく衰えを感じさせない人もいます。

その理由として考えられることとしては、脳を鍛えているかどうかです。

年を重ねても、前頭葉も海馬も新しく神経細胞が生まれているのです。しかしそれが定着しないので萎縮が起きているのです。

細胞が生まれても、生まれても死んでいくという状態なのです。その新しく生まれた神経細胞が定着するためには、その神経細胞を使ってあげなくてはなりません。

脳細胞は使わないと定着ができないので、前頭葉や海馬に楽をさせないことが重要です。年をとると、だんだん人とコミュニケーションをとるのが億劫になったりしますが、どんどん新しい人に会うなど、認知負荷がかかることをやらせてあげるとよいでしょう。

脳トレゲームをするのもよいですが、一人でゲームをするよりも、例えばお孫さんと最近人気のゲームをしたり、楽器を使って演奏するサークルに入るほうが、コミュニケーションが増え、新しい出会いの場やチャレンジの機会が増えるので効果的でしょう。

さらに、精神を安定させ、脳の機能を高めるセロトニンを分泌させるために、セロトニンが増える食べ物を食べさせるなど、脳の栄養を補うように心がけましょう。

セロトニンを分泌させるためには、その材料となるトリプトファンを摂取するため、肉やナッツは積極的に食べさせましょう。

よく肉を食べている年配の方は健康だと言いますが、それはトリプトファンをしっかり摂っているからだと思います。

またセロトニンの分泌には食事に加えて、軽い散歩などの運動が重要です。散歩などで身体を動かし、できるだけ外に出ることを促しましょう。

ケース12 店員に無理難題を強要し、要求が通らないとキレる客

「キレたもん勝ち」という価値観がある人

私がフランスに住んでいたころのことです。

空港や役所で手続きのために列に並んでいるとき、その列を無視して横から入ろうとする人がときどきいるのです。「私はこういう事情があって、早くこの手続きを終わらせたいの」などと、屁理屈を延々言って、なんとか先に手続きを済ませようとするわけです。並んでいる人を差しおいて、自分が一番に処理してもらうまで屁理屈を言い続け、最後には逆ギレするのです。

特徴的なのが、容姿がかわいい年配の女性に多いのです。

ブロンドで見た目も美しい。予想するに若いころは、自分勝手な要求が比較的通った経験があるのでしょう。「自分がこうしたい」と思って言ってみたら、要求が通ったという〝言ったもん勝ち〟の経験があるため、〝言わないと損〟だと思っているのです。

本来は並ばなくてはいけないこともわかっているけれど、疲れているとか、年寄りだからと駄々をこねてみせて、なんなら〝キレて〟、そのまま要求が通ったらラッキーという認知があるのです。

これは〝戦略的にキレる〟悪い例です。

駄々をこねれば「はいはい、わかった、わかった」とみんな諦めることを知っています。怒ったら得するという体験を記憶し、その行為を繰り返すのは、クレーマーにもいるタイプです。

こういう人は理屈ではなんともなりませんし、なるべくなら怒らせたくありません。なるべくやんわりとかわしたいところです。「不当なことをしているのはあなたです」などと直接言ったら、怒りを増長するので、直接言わずに回避しつつ、怒っても状況は変わらないということを学習してもらうのがよいと思います。

「こちらでお待ちください」と言って、列から外して放っておく。怒ったら、「私では判断できないのです。少しお待ちください」とのらりくらりとかわし、結局最後に対応し、「怒っても意味がない」という体験をさせてあげるのもよいでしょう。

伝え方としては、「お気持ちはわかりますが、私にはその権限がないのです」「規則で決まっているので、どうしてもその要求にお応えできないのです」などとやんわりと、しかし、きっぱりと「できないものはできない」「自分にはその裁量がない」と伝えることが肝心です。そして「逆に損したわ。並んでいたほうがよかった」という認知に持っていくようにしましょう。

第四章 キレる自分との付き合い方

ケース1 最近キレやすくなったと感じる人

キレやすいは、思い込みかもしれない

〝キレる〟とまでいかなくても、自分が最近怒りっぽくなったと自覚するのは、やはり気分のよいものではないでしょう。

穏やかでありたい、人に対して優しい人でありたいという理想像がある人ならなおさら、自分が誰かに対してキレてしまったときには、ひどく落ち込んでしまって、何日もその出来事を引きずることもあるでしょう。

相手に感じた怒りが自分には後悔として返ってくるので、自己肯定感が低くなり、さらにイライラすることになります。

しかし、自分はキレやすくなったという自覚があっても、周囲の人はそう感じていないこともあります。

なぜなら、穏やかな人でいたいと思っている人ほど、キレたときの記憶が強く残ってし

まうため、キレたことばかり覚えている状態になっているからです。キレているときの自分が嫌だという気持ちがあると、ちょっとキレただけで「自分はキレやすいんだ」と思ってしまうのです。

また、誰かに「怒りっぽくなった」と言われたことを気にしすぎているのかもしれません。ブログで、自分に対するコメントが１００個届いたとしましょう。そのうち99個が自分をほめるような内容だったとしても、１つのネガティブコメントがあれば、それは99個と同じくらいに大きく感じてしまい落ち込んでしまう人がいます。

それくらい自分にとって、自分に対する評価に「キレやすい」というイメージがつくことを嫌っている人なのではないでしょうか。でも実際には、自分が思っているよりもずっと穏やかな状態のほうが長くて、キレた回数はそれほど多くないものです。

キレやすいポイントを記録する

自分を客観視するためにも、自分がどんなときにキレて何に対して怒りやすいのか、記録をつけてみるとよいでしょう。自分のキレやすいタイミングを意識して記録し、パターンを分析してみるのです。

前に自分が言ったことを守ってくれてないとキレる、不公平さを感じたときにキレる、自分の仕事に対しての評価が低いとキレるなど、いろいろなパターンがあるはずです。

自分のキレやすいポイントを可視化することで、自分の怒りの衝動的な行動を〝メタ認知〟することができます。


〝メタ認知〟とは、自分の行動を客観視する能力のことです。自分を、別のもう一人の自分が見ることで、自分はどういう思考を持って、どういう行動をしているのか、周囲の人はどう思っているのか、自分の行動が他の人にどのような影響を与えるのかを判断し、行動を制御して、自分がとるべき行動に気づくことができるようになります。

また、自分の怒るパターンを理解できるようになると、他人の怒るパターンやタイミングがわかるようになるので、一石二鳥です。

ケース2　幼いころからキレやすい性格が直らない人

キレやすい人格は遺伝するのか

人格といえども、脳の働きですから、遺伝するか、しないかといえば、遺伝の影響はあると言えます。ただ、遺伝だけではなく、生まれ育った環境も大きく影響することがわかっています。

キレやすい性格がなかなか変わらないのは、成育状況により〝キレやすい〟脳になってしまっているのかもしれません。

キレやすい脳として考えられるのは、〝前頭前野〟の働きが不十分な場合です。前頭前野は、感情や行動のブレーキ機能で、前頭前野の働きが悪いと、「やってはいけない」という抑制の判断ができなくなってしまいます。

お酒や寝不足などでも、この前頭前野の働きが不十分になりますが、親子関係と生まれ育った状況が、前頭前野の発育に影響することがわかっています。

幼少期に養育者との関係が良好ではなく、十分な愛情を受けることができないことで、前頭前野の発育に必要なホルモンが不足して、前頭前野が十分に発育できない場合があるという調査報告があるのです。

イギリスの心理学者、ジョン・ボウルビィは、第二次世界大戦で戦災孤児になった子どもたちの調査から〝愛着理論〟を提唱しました。幼少時代における養育者から受ける〝愛着〟＝〝情緒的な結びつき〟の有無が、その後の脳の発育、性格形成に大きな影響を与えるというものです。

幼児期に養育者と安定的な関係にないと、情緒的な結びつきである〝愛着〟を形成することができずに、そうなるとその後も安定的な人間関係をつくることができないとされました。

なぜなら、幼児期に〝愛着〟＝〝情緒的な結びつき〟の形成がうまくいくと、〝愛情ホルモン〟であるオキシトシンの分泌が豊富になります。オキシトシンには、前頭前野が育つように働きかける役目があるので、愛着の形成によりオキシトシンの分泌が豊富になれば、脳の前頭前野を発達させることになり〝キレにくい〟人になります。

ところが愛着の形成ができなければ、オキシトシンの分泌は不足するので、前頭前野は十分に発育できません。脳のブレーキが利かず、怒りが抑えられない、キレてしまう人になる可能性が高まります。

この〝キレる〟〝キレない〟は、対人関係において回避型、不安型、両価型、安定型と呼ばれるそれぞれの形で表れるようになります。

絆を求められるとキレる「回避型」

回避型は、誰かに頼られたとき、迷惑と感じたり、怒りを覚えたりします。比較的男性に多いと言えますが、「俺に面倒を持ち込むな」というスタイルです。

これは幼児期に親との関係が断絶しがちだった人がなりやすいと言えます。保護者との関係が希薄であったり、両親と祖父母の家の間を行ったり来たりするような生活をしていると、〝愛着形成が不十分〟となる場合があります。

その結果、成熟が早く、独立心が高く、自ら愛着を回避する傾向になることがあります。

そして、多くの人は自分を信頼してくれた人と良好な人間関係を築こうとするのに対し、回避型の人は自分の領域に入ってこられることに迷惑や怒りを感じます。

なぜならいつ裏切られるかわからないため、誰とも愛着形成をしたくないのです。

したがって、回避型がキレるのは、愛着を形成しうる他人に向けられます。自分の領域に入ってこようとする人がいると、将来裏切るものと感じて怒り、キレることになります。

女性に多い「不安型」

不安型は、一人でいることや一人で行動することに不安を抱きやすいため、他人に依存しやすくなります。そのため恋愛体質だったり、さらにはその恋愛相手に依存しすぎたりします。

これは子どものころに、いい子にしていれば親からかわいがられた、成績などなんらかの成果を出すことによってほめられたなど、ある枠組みがあって、その枠組みを逸脱すると愛してもらえないという、条件付きの制限された愛情で育ち、〝愛着形成が不十分〟となったことが原因となります。そうなると、不十分だった愛着形成を補うかのように、大人になってから愛着の対象をつくり、そこに依存する傾向になります。

そんな不安型の場合、キレる、怒るのは、愛着の対象であるパートナーに向けられることが多くなります。例えばパートナーが、自分が望んでいることをやってくれないと、それがちょっとしたことでも不安に感じてキレてしまうのです。

回避型と不安型を併せ持つ「両価型」

回避型と不安型の両方を併せ持つタイプの人もいます。それが両価型です。親の態度が変わりやすかったり、あるいは、保護者が過剰に干渉するような成育環境にあった人に多く見られます。両価型の子どもは、一人にしておくと寂しがって泣いてしまったり、気にかけてくれた人が近づくと逆に嫌がってもっと泣いてしまったりします。これは、人とのつながりを信頼できず、愛情をかけられても、裏切られ、またいつ愛情が得られなくなるか、不安になるからです。

キレにくい「安定型」

安定型の多くは、幼少期に親との〝愛着形成が十分〟できて、安定した関係を築けた人です。安定した情緒を保てるタイプで、たとえ怒りを感じても、余裕を持って考えて判断する能力を持っています。

例えば相手が怒った場合、不安型は自分を責め、回避型は「自分は関係したくない」と思いますが、安定型は客観視することができます。

安定型は、相手を信頼し、仲間意識を高めるオキシトシンが十分に分泌されます。オキシトシンには心身ともに修復機能があるので、立ち直りが早くなります。

さらに安定型は人との絆を築くことが得意で、多少相手ともめることがあっても、それで相手との関係が悪くなるわけではないという自信があります。そのためか、安定型は、収入や社会的地位も高くなるという報告があります。

脳は育て直せる

回避型、不安型の傾向がある人にとって最善の方法は、安定型のパートナーを得ることです。もちろん、友人でもよいので安定型の人と交流して、その人の思考や行動をコピーするとよいと思います。他人を理解したり、共感するといった行動パターンを観察し、模倣する神経細胞であるミラーニューロンを活発にするわけです。

不安型であれ、回避型であれ、キレやすい人は、自分の怒りを、怒鳴ったり、泣きわめいたり、暴力を振るうなど、攻撃的で激しい行動でしか表したことがない、あるいは親も含めて、そういう人としか交流がなかったとも言えます。経験が少ないのです。

ですから、安定型の人を見つけ、その人の気持ちの表現方法を学び、怒鳴らなくても伝わるのだという経験を積むことで、より有効な伝え方を学習することができるでしょう。

私たちは脳を育て直すことができるのです。

例えば、オキシトシンを増やす方法はいくつかあります。

その一つがスキンシップです、マッサージを受けるだけでも効果的です。実際にスウェーデンの学校では、生徒にマッサージをすることが実験的に行われ、成績が上がったり、問題行動が減ったりという報告があります。

オキシトシンの濃度を高めるためには、〝さわり心地のよさ〟つまり、脳に心地よさを感じさせる触覚もポイントです。

新生児に肌触りのよい肌着とそうでもない肌着を着せてオキシトシンの量を測ったところ、前者グループのほうがオキシトシンの量が多くなり、さらに免疫グロブリンの量も連動して増えたという実験結果もあります。

落ち込んだ日は、ストレス発散のために肌触りのよい服やパジャマ、寝具など、上質なものを選んでみてはいかがでしょうか。

ライブコンサートもお勧めです。ライブでは、ＣＤでは聞こえない、幅広い周波数の音を感じることができます。それらの領域の音圧が刺激として立毛筋に入ると、オキシトシンの分泌を促す効果があります。

怒りのパワーでリソースを増やす

また怒りやすいということで落ち込むよりも、怒りのエネルギーを使って、自分を伸ばすことを考えてみましょう。

むしろ怒りのパワーを利用してリソースを増やすのです。例えば、誰かが攻撃してきたり、足を引っ張ろうとしたら、ひるまずに立ち向かえばよいのです。しかし、怒りに任せて暴言を吐いたりしてはいけません。

怒りを感じたとき、姑息な人は、足を引っ張り返そうなどと考えますが、それでは自分に何も残りません。最高のリベンジは、相手よりもよい仕事をすることです。相手よりもよい仕事をしよう、もっとスキルを高めようと闘っているうちにどんどん自分が磨かれ、力がついていくのです。

ケース3　知人には優しく、店員や道すがら会った人にキレやすい人

人間関係がないため、怒りを抑制する必要を感じない

会社の同僚や友人など、人間関係ができている人には、穏やかに気長に考えられるのに、他人には腹が立ちやすい人のケースです。電車の中でマナーを守らない客や、車内でおしゃべりをしている学生などに腹が立ってキレてしまうのです。知っている人、身近な人なら、「これからも付き合っていく」「いつか、助けてもらうこともあるかもしれない」、だから「キレる人と思われるのが嫌だ」という思いがあり、キレることにブレーキがかかります。

あるいは相手は自分を知っているから、もし攻撃を仕掛けたら、その場ではともかく後々報復されることも想定できます。

これからの付き合いを考えて、もしくは後々の報復を恐れて、たとえ本心では「この人のこんな行動はいかがなものかな」「こんなことを言うなんて」と思っても、キレるのを

やめようという理性が働きます。これは前頭前野の機能です。

しかし通りすがりの人、他人なら、お互い知らない関係、匿名性の高い関係ですから、人間関係が壊れることも、後々の報復を恐れることもありません。恐れるのはその場の報復で、見るからに怖そうな人や反撃してくるような人でなければ、思う存分キレることができます。無意識に怒ってもよいと判断するのです。人間関係や報復を先行して計算しているという意味で、頭のいい人に多いケースと言えるでしょう。

レストランでオーダーしたものと違うメニューが出てきたり、なかなか注文したものがこなかったりということで、ものすごく店員にキレている人を見かけることもあります。そういう人を見ていると、相手が人間に見えていないのかもしれないと思います。ゲームで言うNPC（non player character：プレイヤーが操作しないゲームのキャラクター）のようなものです。

ゲームのキャラクターとしての固有名はなく、ゲームのプレイヤーが操作する登場人物ではありません。単なる〝村長その1〟といった存在になります。店員が一人の人間ではなく、〝店員その1〟にしか見えていないと、怒ってもよい相手だと思ってしまうのです。

ですから、相手がよく知らない店員だとしても、自分と同じ人間なのだと思うことからスタートしましょう。相手にも奥さんがいて子どもがいる一人の人間であり、いろいろな事情があって、調理が遅くなり、本人も困っているなどとストーリーとして想像することで、大声で怒鳴りつけるのはかわいそうだという気持ちになるかもしれません。

誰が見ているかわからないと考える

テレビに出ているタレントさんで全国に顔を知られている有名人だったら、通りすがりの他人にでもそう簡単に怒ることはできません。今ならSNSで、あっという間に拡散されて、イメージが悪くなることにもなります。いつ誰に見られているかわからないと意識することで、抑制のブレーキがかかります。

同じようにいつ、どこで誰が見ているかわからない、と思うことで、恥ずかしさがブレーキになり、知らない人を怒鳴りつけることは、相手に対して失礼なだけでなく、自分の品位を下げることになると理解できるでしょう。

ケース4　売り言葉に買い言葉で、つい喧嘩になってしまう

売り言葉を買っても、喧嘩にならない言い返し方

腹の立つようなことを言われると、喧嘩を買いたくなる気持ちはよくわかります。けれども、売られた喧嘩ほど買ったら確実に損をします。

売り言葉を買って言い返しているのに、喧嘩にならないよい例は私の夫です。

一見、喧嘩を買っているように見えても、相手が戦意喪失するような返し方をするのです。私が打ったボール（売った喧嘩）に対して、彼もラケットで打ち返す格好はするのに、実はラケットにはガットが張ってない。だから「あっ、ボールが通り抜けている！」みたいな感じです。コントのようで、攻めるほうは腰砕けになります。ちゃんと言い返しているのに、その言い返し方があまりにも的外れなため、戦意を喪失させるのです。

彼の切り返し方は本当に感心するので、一例をご紹介します。

例えば、売り言葉に買い言葉でありがちな、

「あなた頭が悪いんじゃないの？」

という攻撃的な言葉には、

「今、悪いのは足腰だよ」とか、

「どっちかというと胃が悪いよ」

と言って返してきます。真面目な議論ならば、火に油ですが、ちょっとしたことが原因の売り言葉に買い言葉ですから、相手はふっと力が抜けてしまいます。


例をもう一つ。

疲れているとき、「どうしてこの人はゴミ捨てもしてくれないんだろう」といった不満がフツフツと湧いたとき、

「どうしてゴミ捨てぐらいやってくれないの？」

と嫌みを言うと、その問いには反応せず、

「今日は疲れているの？　コーヒー入れようか」

というふうに返してくるのです。

正直、「コーヒーを入れる前に、ゴミを捨ててくれればうれしいんだけどな」と思いますが、「確かに疲れていたな」とも思うので、怒りが静まってくるのです。

多くの人は、「どうして○○してくれないの?」という言葉や「○○くらいやってよ」という言葉に反応して、「忙しいんだよ」とか「面倒くさい」などと、ネガティブな言葉を返してしまいます。「どうして……」と言った人は、最初は喧嘩を売るつもりではなく、ちょっと愚痴まじりに言っているだけであっても、返し方次第で〝売り言葉に買い言葉〟になってしまいがちです。

言葉に反応しないこと

ポイントは、相手の言葉尻に反応しないことです。

「どうしてやってくれないの?」と言っているけれど、どうしてかが聞きたいわけではなく、「ゴミ出しをしてほしかった」というのが本音なのです。

これは実はカウンセリングの技術です。カウンセラーは患者に「どうして先生はそういうことをおっしゃるんですか」と聞かれたときに、「それはね」と直接答えずに、「今、そういうことを聞きたい気分なんですね？」と返すそうです。

「聞きたい気分なんですね？」というのを、キレる気持ちに対応する方法として応用すると、「今、あなたは怒りたい気持ちなのですね？」ということになります。

相手の言葉に直接反応すると、売り言葉に買い言葉となって争いに発展します。ですから、これは相手の気持ちに客観的に共感するという技術です。

強い口調で「どうして？」と言われると、自分でも悪いと思っていても、責められていると感じて反応してしまい、「そんなこと言ったって！」となってしまいます。

さらに「どうして〝全然〟◯◯してくれないの？」と言われると、〝全然〟という言葉に反応してしまって、「全然じゃないだろ」と防御したくなってしまいます。

〝全然〟という言葉にそんなに大きな意味はなくても、言われたほうがそこに意図を感じてしまって、「これだってやっているじゃないか！　あれだってやっているじゃないか！」となる。そんなときも、「『全然やってくれない』と思っちゃうほど、今、自分のことしか目に入らないの？」「そんなに切羽詰まっているの？」と言うことができれば、いらぬ喧嘩を買わずに済むのではないでしょうか。

相手の攻撃的な言葉に反応すると、売り言葉に買い言葉となります。売り言葉の理由は必ずあるので、その言葉に反応するのではなく、言葉を発した売る理由に共感して一緒に解決しようという姿勢を見せるか、それができないようなことであれば、相手にその攻撃の理由を示すことで、相手に自覚させて理性が働くのを待つという方法があります。

ケース5　女性をバカにする男性のセクハラ的発言にイラッとする

失望感を表情で示す

これだけセクハラ発言がニュースになることが増えても、結婚や彼氏などをネタにしてくる人は一向に減りません。「どうして結婚しないの？」と失礼な質問をして女性の反応を見て、それを面白がる男性もいまだに多いのが現実です。

私も「お子さんを産まないんですか」と言われることはよくあります。言われたら、講演会でネタにしちゃうので、「講演会でネタにされたくなかったら言わないほうがいいですよ」とここで言っておきたいです。

「何がセクハラか」という定義になりますが、コンプライアンスが大事な時代なので、単なる質問であってもまず〝言い方〟に気をつける必要があるでしょう。

本当にセクシュアルな行為で不愉快になる人もいるでしょうし、「結婚しないの？」「子どもはいないの？」というステロタイプな発言で十分傷つく人もいます。

セクハラを受けた場合は、まずはあまり過剰に反応せず、「コンプライアンスってご存じですか」と言うだけでも十分だと思います。

それでわからない人もいるかもしれませんが、いきなり過剰に反応しても、なぜキレるのかその人の価値観では気づきません。キレるなら戦略的にキレるタイミングを待ちましょう。

日ごろ尊敬している人からセクハラ的発言をされると、「ああ、この人もこんなことを言うんだ」と怒りを通り越して、がっかりすることがあります。そうした場合、ため息をつくだけで十分です。一拍おいて「ああ、この人も」という顔をすると、その真意が伝わるでしょう。いきなりキレるのではなく、余裕を見せつつ、不愉快であるという意思は伝えておくのです。嫌だと思っていることは、伝えなくてはいけません。笑ってごまかすと、相手は言ってもよいものだと思ってしまいます。最初が肝心です。

「○○部長もそんなこと言うんですか。びっくりしました」と、言外に不快と失望を示すのがよいでしょう。

前述したように、相手によっては、言葉ではなく、「そういうことを言うあなたにがっかりです」という表情でもよいと思います。

今では多くの男性が、「そういう時代ではない」とうすうすわかっていても、行為はともかく、特に言葉は何がセクハラになるのかわからないので、とりあえず聞いてしまう人もいるでしょう。そういう人には「もうそんなことを言っている時代、やっている時代ではないですよ」と、教えてあげるつもりで言葉を返す必要もあると思います。

ケース6　不安になったり、突然キレたり、プチうつ気味

セロトニンを増やす生活を心がける

不安な気持ちを発症しているときの脳の状態で顕著なのは、セロトニンの低下です。

セロトニンは〝安心ホルモン〟とも呼ばれる脳内ホルモンです。たくさん分泌されているとリラックスして、満ち足りた気持ちになります。逆に少ないと不安を感じやすくなります。さらにセロトニンの量が減ると、前頭前野の働きが悪くなるため、共感、計画性、意欲といった適切な社会行動をとるための能力が低下します。

セロトニンが低下すると、落ち込むだけでなく、攻撃性が高まる人が増え、その衝動を抑えられないという衝動障害も起こりやすくなります。普段は怒らないことにも敏感に反応してカッとなります。

人はイライラしたり、落ち込んだり、さらにカッとなってしまうと、その理由を探そう

として、さらにネガティブになってしまうことがあります。負のスパイラルです。

セロトニンは男性に比べて女性の分泌量が少なく、季節やストレス、食べ物などによって分泌量が変化することがわかっています。特に生理中や生理前のほか、日照時間が短くなる6月や秋にはセロトニンの合成がうまくできず、分泌量が減りやすいのです。

そのため、普段は気にしないような些細なことで不安になり、うつ状態になる人が増える時期でもあります。

こうした季節と脳のメカニズムを知っておけば、客観的に捉えて、今は落ち込みやすい時期だからその対策をとろう、と前向きに捉えることもできるでしょう。

前述しましたが、たんぱく質を積極的に摂取し、日光を浴びる、お風呂にゆっくり入るなど、セロトニンを増やす生活習慣を取り入れるとよいでしょう。

また、そこに行けばいつでもリラックスできる場所や、落ち込んだときにいつも共感してくれる人を見つけておくとよいと思います。

友達や恋人、家族でもよいので、自分一人で我慢するのではなく、「なんだか心が重たいんだよね」と言える相手がいることはとても大事です。

とはいえ、どうしても重たい気持ちが消えないときには、専門家に頼ることも検討してほしいと思います。

身体が傷ついたときには、傷の具合が見えるので対処法もわかります。ところが心の傷は目に見えないので、つい自分でなんとかしようとしてしまいがちです。でも、心の傷には自分一人では直せないものもあるのです。

うつになりやすい人

うつに対してはさまざまなアプローチがあります。まず、うつになりやすい人には類型があります。

例えば、真面目な人や自分を犠牲にしても人のために頑張ってしまう人などです。こういうタイプの人は、周囲の人からは〝頑張り屋さん〟としてほめられるけれども、実は苦しみを抱え込み、気がついたらうつを発症していたというケースです。

心理カウンセリングではこれらのタイプの人に対し、「もっといい加減であってもよいのだ」という思考になるように、認知的アプローチをするのが一般的です。

個人的にはうつになりそうなときは、心理カウンセリングなどに通い、こうした認知行動療法を使うことはよいことだと思います。しかし認知的アプローチには、かなり時間がかかります。また、責任感の強い人であればあるほど、「いい加減でＯＫ！」という認知改善に対する抵抗は大きいのではないでしょうか。

また、心療内科に通っていることをネガティブ要因として捉え、周囲の信頼を失うのではないかと不安に思う人もいるでしょう。

そういう意味で、人に頼るということができにくい人こそ、〝うつを発症しているときの脳は普通の状態と違う〟という視点を持っていただくことが重要です。

〝自分を大事にする習慣〟が足りない

やる気に溢れ、責任感が強い人が、ふと落ち込んでうつになってしまうのは、〝自分を大事にする習慣〟が足りないからです。

自分を守り、心身を健康に保つために身に付けるべきその習慣を身に付ける必要があります。やる気や責任感というものは誰もが持ちうるものではないので、それは素晴らしいことです。しかし、私がこれまで出会った責任感が強い人には〝自分を大事にする習慣〟が足りないと思える人が多いと感じます。

自分を大事にするとは、自分を甘やかすとか、休暇をとるという〝身体〟を守る行為・行動だけではありません。相手が自分を否定するようなことを言ったときに、適切に言い返して自分の〝心〟を守るといったことも含みます。誰かが友達の悪口を言っていたら、「そういう言い方はよくないよ」と注意できるのに、自分が言われた場合はできない。上司や同僚から自分をバカにするようなことを言われて傷ついても言い返せない、ということはありませんか？　これは、〝自分を大事にしていない〟ということなのです。大事にするとは、身体だけではなく心も含めて大事にすることです。

もしあなたが自分を大事にすることをせずに、その結果感情的なキレ方をしたり、自分が倒れてしまったときには、あなたが最も恐れているだろう〝迷惑〟をかけてしまいます。

ですから、まず自分で自分を守らなければなりません。そのための防御の仕方を身に付けることはとても重要なのです。

自分を守るために上手に言い返す

特に心にダメージを受けるのは、自分が軽んじられていると感じるときです。

例えば「忙しい」「仕事が多い」という状態よりも、「自分の頑張りが認められずバカにされる」「自分には価値がない」と感じることのほうが、精神的には傷つきやすい状態です。

言葉や態度であなたを軽んじるような相手から自分を守るためには、まずは言葉で〝上手に言い返す練習〟が有効です。

例えば「そんな仕事しかできないの？」などと嫌みを言われた場合、

「そんな仕事ってどういう意味ですか？」「何と比べてそんな仕事なのですか？」

とストレートに聞き返すのもよいでしょう。

「私は仕事ができないかもしれませんが、あなたの立場でそれを言いますか？　あなたのような立場の人が、そういう言い方しかできないんですか？」

という言い方で切り返してもよいでしょう。

容姿をからかってくる人には、

「そんなこと言いながら私に気があるんでしょ？」

とお笑い芸人のように、うまく笑いに変えながら言い返すというやり方もありますよね。

嫌なことを言われたのに言い返さないのは、大げさにしたくない、いい人に思われたいなど、さまざまな理由があるかもしれません。

けれども、それによって自分の心に傷がつきます。そんなときには、傷ついた自分を受け入れ、なぜ傷ついたのか、どうしたら傷つかないようにできるのかを考えることが必要です。自分を大事にして、うつになるのを防ぐためには、自分自身と上手にコミュニケーションをとれているかどうかがポイントなのです。

忙しいときにこそ時間をつくって「本当の自分はどう感じているのだろうか」「自分の気持ちを押しつぶしてはいないだろうか」「自分だけが我慢すればよいと思うことで満足していないだろうか」と、立ち止まってあなた自身に問うことが必要です。

自分との対話の時間を持つことが長期的には、健康なメンタルを保つことにつながり、健やかな人生につながると思います。

第五章

戦略的にキレる「言葉の運用術」

Don't be nice!〝いい人になるな〟

私がヨーロッパの研究所に赴任していたとき、同僚から言われた言葉があります。「Don't be nice!」〝いい人になるな〟という言葉です。

そして「あなたはもっと怒ったほうがいいよ」とも何度も言われていました。いい人として見られたいという思いから、空気を読んで自分の意見を言わず、その結果人の言いなりになってしまう私の性格を見透かして、忠告してくれたのだと思います。

忠告してくれたのは、アルジェリア出身で結構なキレキャラの人でしたが、彼女から、怒らない人＝いい人ではないのだ、ということを学びました。

海外で暮らしていると、ときにキレるということが必要な場面に多々出合います。彼女自身のキレキャラも、訓練して身に付けた自分の守り方であり、自分の主張を通すための手段だったのかもしれません。

日本人はブラフ下手

テキサス・ホールデムというポーカーの一種があります。これは、ポーカー・ハンド（＝役）をつくりながら、他のプレイヤーと駆け引きをするカードゲームです。

プレイヤーは、自分の手札と他のプレイヤーの手札のよし悪しを予測して、〝ビット〟（最初にチップを出す）、〝コール〟（前のプレイヤーと同数のチップを出してゲームを続ける）、〝レイズ〟（前のプレイヤーより多くチップを出して競り上げる）、〝ダウン〟（ゲームを棄権する）など、お互いに駆け引きしながらゲームを進めます。駆け引きのテクニックとして使われるのが〝ブラフ〟いわゆる〝はったり〟です。

カジノに行かれた経験のある方はご理解いただけるかと思いますが、日本人はこの〝ブラフ〟があまり得意ではありません。

ポーカーはブラフのゲームと言われるくらいで、自分がそれほど強いハンドをつくれていなくても、他のプレイヤーの手札や心理状態を読んで、はったりで〝レイズ〟や、ここぞというときには、すべてのチップをかける〝オールイン〟などで勝負を仕掛けます。そのはったりに他のプレイヤーが騙されて、ゲームを降りれば勝つことができるわけです。

日本はみんなと仲よくすることがプライオリティの高い文化なので、正々堂々ハンドの優劣で勝敗を決めるのが〝正しく〟て、駆け引きやはったりで相手にゲームを棄権させるのは〝狡い〟という思いがあるのかもしれません。騙すようで嫌だというのもあるのでしょう。

しかし、ポーカーはゲームです。勝ち負けが目的ですから、勝つために使われる〝ブラフ〟は、戦略的に、強く自分の意思を相手に伝えるもので、つまり戦略的に〝キレる〟ことと同じコミュニケーションテクニックだと言えます。

ポーカーにおいては、仲よく遊ぶことよりもチップを取ることのプライオリティが高い。だから、キレる＝ブラフを使ってでも勝つことを目指すわけです。いい人でいようと思ったらゲームに負けてしまいます。いい人でいたいと思う人は、グローバルスタンダードでチップを増やすゲームの中では、確実にカモにされてしまうでしょう。ただ負けるだけでなく、「あの人からチップを取ろう」とターゲットになり、搾取の対象とロックオンされてしまうのです。残念ながら現在は、ポーカーに限らず、海外では「日本人＝カモ」という概念が定着しているふしがあります。何をされても言い返さず黙ってニコニコしているからです。

カモにならないための方法としては、相手がはったりできたときに、降りるばかりでなく、勝負できるかどうかを見極める冷静な計算力を持つことです。

昨今のネットのゲームは、対人型といっても匿名性が高くて相手がわかりません。伝統的なボードゲームやカードゲーム、ポーカーや麻雀、囲碁、将棋は、ブラフをやらないまでも、リアルに対戦者と面と向かって、会話もあり、駆け引きが必要になります。勝負に出るときはキレることも必要でしょう。シンプルなゲームではありますが、対人関係で自己主張していくよいきっかけになると思います。

自分がターゲットにされないために、戦略的にキレるというスキルを身に付けてほしいのです。

自分の不利益が見えたら、反論すべき

日本では、もめ事を起こした人をそれだけで「ダメな人だ」と思ってしまう風潮があります。子どものころから、「周りに迷惑をかけてはいけない」「事を荒立てるのはよくない」「世間を騒がせるのはダメ」「波風を立てない」「喧嘩はいけない」と教えられて育つからかもしれません。

もめ事を起こすのは、問題意識があり、主張できる自立した人だから、という側面はあまり評価してもらえません。

まず自分の意見を言うことは、もめ事ではありません。もしもめたときには議論していけばよいはずなのですが、なぜかやっかいな人と思われてしまいがちな不思議の国に私たちは住んでいます。そうならずに切り返すための技術を身に付けたいものです。

「自分さえ我慢しておけば」と思うほうが一時的には楽なのかもしれませんが、言いたいことを言わないでいると、不満が蓄積して大きくなり、怒りになります。それが爆発した

ときには〝もめ事〟どころではなく事件に発展して、自分自身を大きく傷つけることにもなります。

自分の不利益が見えてきたら、テクニカルに切り返すべきです。さもないと、相手は搾取してもよいターゲットとして見て、さらに攻撃をエスカレートさせてきます。

さらに〝攻める快楽〟ということもあります。「あいつには何を言ってもいいんだ」と思い、〝モラハラという快楽〟を搾取する上司や夫、あるいは妻です。これはドーパミンの分泌によるものです。「何を言ってもいいんだ」と思わせないため、キレて、きちんと言い返す必要があります。

よく観察してみると、会社でも一目おかれている人は、上手に言い返しているのではないでしょうか。

どこでどう返していいのかわからず、ストレスを抱えて自宅に戻ったときに家族にキレるのは論外でしょう。戦略的にキレるとは、その対象を正しく選ばなければなりません。

適切な場所で、適切な相手に、適切にキレることです。

「無能！」と言われたとき、「自分には能力がないのだ」と自分を責めて黙ってしまいがちな人は、自分を省みる前にまず相手を見てください。

相手の言っていることが正しいのか、もしくは相手は自分を下に見て喜んでいるだけなのか、判断すべきです。

罵倒されたときには、冷静に相手を観察してみましょう。いい人になって相手のいいカモにならないためにも、上手に反撃するべきです。

〝私はカモにはなりません〟という姿勢を見せるだけでよいのです。すぐには反撃できない状況でも、下を向かず、じっとその人を見つめ、「無能な人材を採ったのは、この会社だ」とか「無能をいつまでも教育できない上司のあなたも無能なのでは」「この人は無能という言葉でしか指導ができない人なのだな」と心の中で言うだけでも、少し気が楽になるはずです。

私も含めて、〝喧嘩〟に慣れていない人は多いかもしれません。喧嘩になっても上手な落としどころがわからないので、あえて喧嘩を避け、我慢して喧嘩せず丸く収めようとしてしまいます。

その結果、「落としどころを学ぶ機会」も失っているのです。

喧嘩を学ぶ機会がないということは、一面よいことのようですが、トレーニングができていないナイーブな状態というのは、望ましくない場合もあります。


学校でも、喧嘩はよくないと教えられます。もちろん殴り合いの喧嘩はよくありませんが、むしろ口論や議論のノウハウは、その仕方をロールプレイで学んだほうがよいと思います。多少激しい言い合いになっても、お互いの言い分を言い合いながら、最終的に双方が納得できる解を探すための学習として取り入れたほうがよいのではないでしょうか。

日本人は議論が苦手

日本人はキレることも喧嘩も慣れていません。〝喧嘩はいけない〟という文化ですからナイーブで、キレられたときの対処が訓練されていません。日本人は反論されるとシュンとなってしまい議論も苦手です。

　私も得意ではないので、自省を込めつつ書きます。

〝論破する〟という表現があります。日本語で論破すると言うと〝誰々を論破する〟と、人を目的語にすることが多いのではないでしょうか。

　しかしフランス語では、この動詞は〝人〟を目的語に取る用法のほうが頻度が低いのだと聞いたことがあります。あくまで〝議論の対象物〟を目的語として、ある問題点や疑問点についてなど〝○○を論破する〟という使い方をするのだとか。

〝人を論破する〟のではなく、〝論〟を破る、〝主題を論破する〟のです。ですからフランスでは議論は活発になります。ところが日本では〝誰々を論破する〟という言い方をします。〝人〟を破る。結局、目的は相手を黙らせること、否定することになり、ともすると喧嘩になってしまうのです。

　そもそも、その人を論破しても、その人は意見が変わらないのであれば、〝論〟は変わらないので、論破するということ自体に意味がなくなります。

日本の国会中継を見ても、議論が途中から言い合いになり、相手やその所属政党をなじり、その人の過去の発言をやり玉に挙げて人格否定になり、肝心の議論が深まらない場合があります。それは〝人を論破する〟ことが目的だからでしょう。

木下ほうかさんのハマリ役で「はい、論破！」と相手を黙らせるイヤミ課長のキャラが大人気です。私も大好きですが、これはあくまでエンタメ。現実の場で使うのはちょっと抑えたほうがいいかもしれません。それは本当の議論にならないからです。これはある意味日本式の〝舌戦〟です。相手を黙らせ、やり込めることが目的になっているのです。

議論や交渉の場であれば、「自分はこうしたい」というゴールがあるはずです。その人を叩きのめすよりも、本当にしてほしいことを取るのが目的ですから、言ってみれば形の上では負けたように見せてもよいということを、多くの人は意識していないのかもしれません。


〝花を取るより実を取る〟です。

相手が黙ったから「勝った！」と思っていても、単に「勝手にやらしておけ」と思われているだけで、なんの得にもなっていないのです。

だからこそ、戦略的にキレるということが大事なのです。

ただ勢いや激しさで相手を黙らせることではなく、攻撃した相手が「なかなかやるね」と一目おいてくれたり、この人は言うときには自分の意見を言うのだという、〝あなどれない人間〟だという見方をされるようなキレ方を目指しましょう。

気持ちはキレていい。言葉でキレてはいけない

戦略的なよいキレ方のポイントは、気持ちでキレても言葉ではキレないことです。

人格を傷つけられるようなことを言われたとき、我慢をする必要はありません。我慢をしたら相手の思うツボだからです。だからといって、同じように悪口雑言、相手の人格を傷つけるようなことを言ってしまうと、さらに反撃をくらうリスクがあるだけでなく、周囲からも同じようにキレやすい人というレッテルを貼られ、あまりよい結果にはならない

でしょう。

まず「こんなひどいことを言うなんてありえない」「二度とそんなことは言わせない」と気持ちの上ではキレてもよいのです。そして、二度とこのような状況をつくらせない、と固く心を決めて、その気持ちや主張を最も効果的な言葉や態度で伝えることが必要です。気をつけたいのが言葉の選び方です。気持ちがキレても相手との関係性を崩さず、なおかつ、自分を守る言葉を選ばなければなりません。

同じ言葉でもキレて使うのと戦略的に工夫して使うのでは、結果はまったく異なります。大事なことは〝キレる〟をコントロールできているか、いないか。それだけでも相手への印象が変わります。

ここからは具体的な切り返し方の例を挙げてみましょう。

面倒な人だと思わせる

相手に、私はあなたの攻撃の対象にはなりませんということを知らしめるには、攻撃するのは面倒だと思わせることが有効です。

例えば、相手にののしられたときに、

「そこまで言い切りますか？　リスクの高い言い方を課長がわざわざ選んでいらっしゃるのは不思議です。パワハラが問題にされやすいこのご時世になぜですか？」

などと、まずはシンプルに、相手の真意をただすようにして、自分の不快を伝えてみましょう。

会社の上司からセクハラのようなことを言われたときには、

「私が男でも、そういうことおっしゃいますか？」

「上司が部下にそういうことをおっしゃるというのはコンプライアンス的にいかがでしょう？」

と、さらりと相手に後ろめたさを感じさせる言い回しというのもあるでしょう。

攻撃的な人は、言い返してこないと思う相手を攻撃するケースが多いので、「私はちゃんと言い返しますよ」「私を攻撃して痛めつけることはそれほど簡単ではありませんよ」

ということを示すのです。相手は、面倒な相手だと思い、ターゲットを変えるようになるでしょう。

勇気がいることではありますが、自分は悪くないのに不当な扱いを受けているということを相手に示すことで、満足度も高くなり、もやもやした気持ちから解放されます。この行動こそ、自分で自分を大事にするということなのです。

ユーモアで本質を伝える

イラッとしたとき、相手を追い詰めてしまうような言い方をしてしまうこともあります。しかし、追い詰めてしまうと、何を言いたいのか考えようとする気持ちの余裕がなくなるため、伝えたい本質が伝わらず、むしろ誤解されることになります。

言い返すにしても、相手にも自分にも考える余裕を会話の中にもつくる必要があると思います。ユーモアを交えてクスッとさせるようなひと言で、本質を伝えるスマートな言い回しを覚えたいものです。

『深夜のダメ恋図鑑』（小学館）という人気漫画には、このユーモアで本質を突く会話例がたくさん載っています。少々極端な例でもありますが、ぜひ参考にしてほしいと思います。

（例）25歳で彼氏がいないことをやり玉にあげられ、「なにその負け組臭。オレがつき合ってやろーか？」と馬鹿にしてくる同僚に対して

←

「アハハ。そだねーー☆　で、オマエとつき合ったところでいったい何に勝てるの？」（5巻）

（例）日頃から家事をまったく手伝わない同棲相手が、仕事で疲れたと訴え、共働きの彼女が作った料理にまでケチをつけたとき。

「あたしは、仕事に家事にオマエの世話で疲れてるけど…。諒くん、仕事だけして
そんなに疲れてるの？　大丈夫？　病気？　もっかい聞いていい？　仕事だけしか
してない人間が、いったい何をしてそんなに疲れるの？　まさか息？」（2巻）

←

（例）年上の男性が、「なんの苦労も知らねーゆとりが！」とゆとり世代の若手に言
いがかりをつけてきたとき。

←

「ハイ出たー。困ったときのゆとり頼み。先輩～、ゆとり相手にムキにならないで
くださいよオ」（1巻）

（例）受付の仕事中、嫌みが止まらない訪問相手に

「市来さん、今日は何しにいらっしゃったんですか？　来社カードの来訪目的、『受付とケンカ』ですか？」（４巻）

私も大好きな漫画なのですが、このほかにも面白い切り返しがたくさんあるのでぜひ読んでみてくださいね。

フォローのひと言を入れる

成功している人は、〝キレる〟を上手にコントロールできています。先に述べた、マツコ・デラックスさんや有吉さんは、キレる達人です。キレて相手を責めているようで、いい塩梅で止めるし、本当に誰かが傷ついてしまうことは言いません。キレていても相手を救う

フォローのひと言も忘れません。

20年も昔の話ですが、印象的に覚えているエピソードがあります。新宿二丁目のゲイバーに行ったときのことです。

女性も入れるゲイバーだったのですが、恐らく私が調子に乗っているように見えたのかもしれません。どういうタイミングだったのかは忘れてしまいましたが、突然そのゲイバーのママから、**「自分のこと、頭がよくてきれいとか思ってんじゃないわよ」**と言われたことがありました。

二丁目の雰囲気にも、そうしたツッコミにも慣れていなかった私は、一瞬度肝を抜かれてしまいました。そして、たぶん私は悲しそうな顔をしていたのでしょう。すると、すかさず**「十人並みよ」**と、極上の笑顔でフォローしてくれたのです。

〝調子に乗っているような人にはイラッとするから、そこはちゃんと突っ込むわよ。でも、排除するわけじゃないし、傷つけるつもりはないのよ〟という意図がよく伝わりましたし、言葉の選び方、間合いの塩梅が絶妙でした。「すごい。この人は言葉の達人だ」と羨望の念を抱きました。嫌な気持になるどころか、ああ、この人は私を正当に見てくれる人なんだ、とホッとする気持ちにすらなりました。

上手にキレて、距離もとりつつ、最後にはすっと心の中に入ってくれて、親近感すら感じさせてくれるような話術。ぜひ真似したいものです。

苦手なことは自分でやらない

先輩の研究者で、国内外で高い評価を受けているAさん。人から何かを頼まれても、「苦手なことはしない」ということを徹底している人でした。

その代わり自分の得意なことをしっかり把握していて、自分の労力や時間は、その得意なこと、好きなことを極めることに使いたいという考えを持っています。

苦手なことは人に頼まれたら、「僕はそうしたテーマが専門ではありませんし、ご迷惑をおかけしてはいけませんので」と言って、きっぱり断ります。

自分の研究においても、苦手なことは自分でやることを避け、得意な人を探してその人に任せるようにしていました。

同じ研究所仲間のBさんはAさんと真逆で、苦手なことも克服しようと努力して、自分以外の研究にも手を貸していました。

二人とも優秀で、素晴らしい論文を書かれました。

では、どちらがより研究者として高く評価されたでしょうか？

結果はAさんでした。理不尽にも思えますが、周囲にとっていい人だから、よい評価が与えられるとは限らないのです。

Aさんは自分の得意分野に集中することで、レベルアップすることができました。さらに苦手分野を得意な人にシェアしてフォローしてもらうことで、全体のレベルを上げることにも成功しました。またAさんをフォローした人は、自分の得意分野で頼りにされたことが喜びとなり、彼らのモチベーションもアップしました。

誰も損することなく、よい結果をもたらすことができるのです。

あえて空気を読まず、できないことや苦手なことはきっぱり断る。あえていい人にならない。そしてよい結果を出し、自分も相手もよい思いを共有する、win-winの関係の好例だと思います。

相手との間に線引きをする

自分に非があった場合、相手からの叱責を受けることがあります。しかし悪意がある人は、人格までも否定するようなののしり方をすることがあります。そういう場合は、「私にも非がありますが、それ以上の攻撃は困ります」とはっきりと線引きをする必要がありますます。相手にはっきり言えない場合でも、正当な指摘ではなく、単なる個人攻撃だと思ったら、そこからの非難は聞き流してよいのだと自分に言い聞かせるとよいでしょう。自分自身を守るために、境界線を引くのです。

やや上級編に感じられるかもしれませんが、自分の失敗を非難されて舌戦になりそうな場合に、言葉巧みに劣勢の立場を逆転させる達人の例を紹介します。

任侠の世界で交渉上手な人は、自分たちに非があった場合、とにかく相手にしゃべらせるのだそうです。あえて相手にありったけの文句を言わせるのです。言わせるだけ言わせて「お前はいつもそうだ」などと、人格攻撃が始まったときに、

「確かにこちらにも非がありましたけど、そういう言い方はないんじゃないですかね」
「そこまで言うっていうのは、どういうおつもりですか」

と、反撃するそうです。相手に人格攻撃したことを後ろめたく思わせて、劣勢から優勢の立場にひっくり返すのです。お付き合いのない世界ではありますが、このように謝罪に行きながら得をして帰ってくるのが上手な人がいると聞き、そのノウハウをぜひ学習したいと思ったことがあります。

この手法は、格闘技で言うところの、相手に〝攻め疲れさせる技〟にも似ています。格闘技は攻めているほうはすごいエネルギーを使うので長く続きません。そこでふっと力が抜けたときに、強烈な逆襲をかますわけです。ボクシングでガードを固めて、相手のパンチをかわし、相手が疲れて止まったときにガツッと強い一撃を打ち出すのです。

以前、友人がアルバイトしていた店の店長が、酔っ払って暴れようとした客に、「私を殴ってもいいですよ、でも、私も、ただじゃ殴られはしません」と言ったことがあったそうです。その店長は見るからに怖そうな人だったこともありますが、その酔っぱらいの客は見事に黙り、暴れるのをやめてしまいました。これもよい例かもしれません。

持ち上げてから、人格を責めず行動を責める

フランス系ユダヤ人のCさんという女性がいました。大学院で音楽理論を学び、作曲家として活躍しています。

音楽業界では、プロデューサーや演奏家などたくさんの人と議論し作品をつくります。Cさんは周囲の人の心をつかむ天才でした。自分と意見の合わない人やキツイ言葉で攻撃するような一見敵のような人も、味方にしてしまうのです。

彼女は誰かにキレるとき、人格ではなく、行動だけを否定するよう心がけていました。

例えば、協力し合うことが必要な場面で、ルールを守ろうとしない相手に対しては、相手を責めず、まずはとにかくほめて持ち上げるのです。それも盛大に称賛の言葉をかけて持ち上げます。相手がいい気分になったところで、ルールを守らないことに対して**「あれはないよね〜」**とさらっと伝えるのです。

相手の人格や性格には触れず、直してほしい行動だけをきちんと、「あれはまずいよね」

と伝えるのです。人格を否定せずにチクリと言いたいことを伝えて、相手に軽く後ろめたさを感じさせるよい方法ですし、取り入れやすい方法でしょう。

ニコニコしながら主張を通す

日本の某大手電気メーカーの役員を務めた敏腕ビジネスマンのDさん。技術畑からアメリカやヨーロッパの営業、現地法人の立ち上げ、本社の重要な役職までこなしました。

Dさんは、本当に物腰の柔らかい、周囲の人に気を使える素敵な紳士なのですが、世界中の敏腕ビジネスマンを相手に、自社の技術を売り込んだ交渉上手でもあります。

NOと言えない日本人は、国際的にはときに〝カモ〟にされてしまうこともあります。海外貿易のノウハウもあまり知られていないような時代に、カモにされることなく、貿易相手と良好な関係を築きながら、いかにして事業を成功に導いたのでしょうか。

Dさんは、交渉の場では、ニコニコ笑顔を絶やさない一方、決して自分の主張を曲げることがなかったそうです。相手の話をよく聞き、相手に対する尊敬の念や気遣いを見せつつも、主張は譲らず、いつの間にか自分の主張が通るように相手を巻き込んでいったそうです。相手のプライドを傷つけることなく、自分たちのやり方のほうがお互いに得であると思わせるような言い方をするのです。

松下幸之助さんも、切り返しの達人だと思う一人です。商談で、「もう少しまかりませんか？」と値切られたとき、まけられない理由をはっきりと伝え、主張を曲げなかったそうです。**「これは、自分の社員が一生懸命考えて開発したものです。僕の取り分は減らしてもよいですが、それでもこの価格が精いっぱいです。なんとしても開発してくれた人に報いたいので、どうぞ、この値段で買ってくれませんか」**というような言い方で交渉するのだそうです。商談相手も納得せざるをえない、正当な理由を出して上手に抵抗するのです。

こうした賢いやり方は凡人には無理だと思う方もいるかもしれませんが、身に付ける方法があります。それが、〝アサーション・トレーニング〟です。アサーションとは、英語で〝自己主張〟という意味で相手を尊重しながら、自分の感情や主張したいことを抑えることなく、お互いのためになる方法や結論を導き出すコミュニケーションスキルです。

アサーション・トレーニング

〝アサーション・トレーニング〟では、まずコミュニケーションの方法として〝受け身的〟〝攻撃的〟〝アサーティブ〟と三つに分けます。

例えば、自分の意見を言うことが苦手な人は、相手の気持ちを優先して、相手が強い態度で出てくると、自己主張せずに我慢してしまいがちです。これが〝受け身的〟です。一方で、感情を爆発させて自分の言いたいことを言って、逆ギレをするのは〝攻撃的〟です。言いたいことを言うと、そのときはすっきりするかもしれませんが、相手を傷つけるようなことを言ってしまうと、人間関係を築けず孤立してしまうこともあります。

〝アサーティブ〟なコミュニケーションは、相手も自分も大切に扱うのが特徴です。自分の気持ちを正直に、その場にふさわしい表現方法で伝えようとします。

結果として意見がぶつかっても、すぐに自分の意見を曲げることはありません、相手にそれを強制することもありません。お互いの意見を出し合いながら、双方にとって納得のいく結論を出そうとします。

ポイントは〝私は〟を主語にして伝えることです。

「私は〜と思う」と言うことで、自分の感情を素直に表現でき、相手を責めているのではないという姿勢なので、相手からのリベンジを避けることができます。

例えば、「なぜ（あなたは）○○なんてひどいことを言うの？」と言ってしまうと、責められていると感じて、「君だって同じこと言ったじゃないか」と、喧嘩になってしまうかもしれません。

「私は、○○なんて言われて辛い。もう言わないでほしい」という表現に変えるだけで、相手に対する伝わり方も変わりますし、「もう言わないでほしい」という目的を果たすための効果も絶大です。

我慢せず、相手も責めず、相手にどんな言い方をすると、自分の気持ちをキャッチしてくれるのかを考えながら、さわやかな主張を心がけていくことです。

それにより、誰かにカモにされて利用されることが減り、怒りに任せて暴言を吐いて信頼関係を失うということも避けることができるでしょう。

例えば、約束を守ってくれないことでお互いに言い合いになった場合には、

「私はあなたとの約束の時間に合わせて、いろいろと計画を立てていたんだよね。楽しみにしていたんだけど、全部無駄になってしまって悲しいな。何時だとよかったのかな？」

などと、「私は」を主語にして話します。「どうして、あなたは？」と相手を主語にして言うと、相手は責められていると感じて、反発してしまうかもしれません。自分の計画が台なしになったという不満もちゃんと伝えます。けれども「私は～」と言われると、反論しようという気持ちは起きにくくなります。後ろめたさを感じ、自分が悪かったと素直に思ってくれるかもしれません。

ポイントは、約束を破られた直後に言うか、相手の機嫌がよいときに言うこと。空腹だったり、ストレスを抱えていたり、眠たそうにしているときは避けましょう。

セロトニンが不足しているタイミングなので、必要以上に責められていると感じてしま

うので、良好な会話が期待できません。

「日本語の運用力」を身に付ける

ここまで、いくつかの切り返し方を紹介してみましたが、まずはさまざまな言い返し方を考えていくことを楽しんでみてはいかがでしょうか。

周りの人のやり方を観察してみるのもとても面白いものです。

〝キレる〟という問題を語るとき、多くの人はこれをメンタルの問題だと考えるのではないでしょうか。でも実は〝日本語力〟の問題なのではないかと思うことがあります。

私たちは日本語を学んでいますが、学校で学ぶものは、ほとんど〝書かれた文字〟なのです。そのため、日本語を〝話し言葉〟として練習する機会は意外とありません。

怒りながら人を和ませるフレーズというものを、自分の会話力の中に取り入れるという意識を普段から持っている人は少数派でしょう。

この本を読んでくださるあなたも、本を読むことのできる日本語力があるわけです。

しかし意外に、押されたら押し返す、振り回されそうになったら上手にかわすといった、対人関係の会話で使う日本語をきちんと学んでいないのではないでしょうか。

これはコミュニケーション力や人間力などと言われることがありますが、単純に〝日本語の運用力〟なのだと思うのです。正体のよくわからない人間力、などではなく、もし日本語の運用能力が問題なのであれば、言語能力は後天的な要素が大きい資質であることがわかっていますから、非常に学習しがいがあるものだと言えるでしょう。〝練習するに如くはなし〟なのです。ですから、言い返すのに慣れていない人は、できるだけ〝言い返すフレーズ〟のデータベースをたくさんつくっておくことが自信につながるでしょう。

つまり、会話の〝勉強不足〟なのです。

言い返すのが苦手という人も、そもそも勉強不足であるという意識に変えることで、もっといろいろな言い回しを学べば解決できると気付き、かなり気が楽になるのではないでしょうか。

いろいろなパターンを覚えて、自分なりに「これは先週のシチュエーションなら使えるな」「こういう切り返しはあの人だったらアリだな」とイメージしながら検証し、練習するのです。

想像してみましょう。いろいろなパターンのフレーズを覚え、相手の暴言や攻撃的な言動をウィットに富んだ言葉で返せるようになったら、きっと毎日がもっと楽しく、イキイキとしたものになるでしょう。

テレビでマツコさんの言い方を学んでもよいでしょうし、デーブ・スペクターさんお勧めの番組『マツコ&有吉　かりそめ天国』を見るのもよいし、前述した漫画『深夜のダメ恋図鑑』を読むのもよいでしょう。

誰も損をしないキレ方は大きな武器

「あなたのそういう言い方ってちょっとおかしいと思うんですよね」と言いたいときに、さまざまなパターンを言葉のストックとして持ち合わせていることは、今後の人生にとってきっと大きな武器になるはずです。

「お前のやっていることは無駄なんだ」

といじる上司がいたら、

「今この時間のほうが無駄じゃないですか」

と言ってみる。もしくは言いたいだけ言わせて、

「そろそろいいですか？　時間がもったいないんで」

と正当な意見を言って相手に気づかせるのもよいでしょう。

言い返さなくても、短い言葉でパッと終わらせるのが上手な人もいます。「はい、以上！」と本質だけ言って終わらせるのです。フッとため息をつくだけで、相手の戦意を喪失させる人もいます。自分に合った切り返し方があるはずです。

共通しているのは、こういう切り返しの仕方は誰も損をしません。相手が傷ついてしまい、誰かが損をするキレ方は悪いキレ方です。誰も損をしないキレ方があるのです。

誰も損をしない。でもきちんと自分の言いたいことを伝え、不当な攻撃から自分を守る。そういうコミュニケーションが上手な人を見つけて、学びましょう。

理不尽な攻撃をかわしつつ、チクリと相手に軽く反撃する言葉をたくさん増やし、練習

し、自分のスキルとして身に付けていきましょう。

　そうして身に付けた、対人コミュニケーションスキル、上手にキレるための豊富な語彙力と運用力が、これからの時代を生き抜く貴重なリソースに必ずやなることと確信しています。

中野信子［なかの・のぶこ］

1975年、東京都生まれ。脳科学者、医学博士、認知科学者。東京大学工学部応用化学科卒業。東京大学大学院医学系研究科脳神経医学専攻博士課程修了。フランス国立研究所ニューロスピンに博士研究員として勤務後、帰国。脳や心理学をテーマに研究や執筆の活動を精力的に行う。科学の視点から人間社会で起こりうる現象及び人物を読み解く語り口に定評がある。現在、東日本国際大学教授。著書に「ヒトは〝いじめ〟をやめられない」（小学館）、「悪の脳科学」（集英社）、「サイコパス」（文藝春秋）など多数。また、テレビコメンテーターとしても活躍中。

構成：出浦文絵
校正：目原小百合
ＤＴＰ：昭和ブライト
編集：塚本英司

キレる！

二〇一九年　六月五日　初版第一刷発行
二〇二〇年　九月九日　第八刷発行

著者　中野信子
発行人　杉本隆
発行所　株式会社小学館
〒一〇一－八〇〇一　東京都千代田区一ツ橋二ノ三ノ一
電話　編集：〇三－三二三〇－五五四六
販売：〇三－五二八一－三五五五

印刷・製本　中央精版印刷株式会社

© Nobuko Nakano 2019
Printed in Japan ISBN978-4-09-825341-8